未讀

UnRead

—

思想家

How to
Be
a Stoic

哲学的 指引

MASSIMO
PIGLIUCCI

斯多葛哲学
的
生活之道

Using
Ancient Philosophy

to

Live
a Modern Life

北京联合出版公司
Beijing United Publishing Co.,Ltd.

[意] 马西莫·匹格里奇————著

王喆————译

致凯莉·露娜：

她的哲学之旅方才起步。希望哲学能像改变我的生活一样，
让她的生活变得更美好。

致科琳娜：

在她孜孜不倦的鼓励之下，
我得以通过践行斯多葛派哲学让自己更加完善。

目　录　| CONTENTS

01　曲折之路：我们如何生活

人生之旅行至半程，惊觉身处幽冥森林，而原先笔直的通途，早已踪迹难寻。

——但丁，《神曲·地狱》第 1 章

- -

　　尽管文化有世俗、宗教之分，单一、多元之别，但"如何生活"这个问题，不论在哪种文化中都是重中之重。例如，我们如何应对生活的挑战、人生的沉浮？我们如何为人处世、待人接物？最终，我们又该如何做好准备，面对品格的最终考验——死亡？

　　为解决这些问题，人类在历史长河中创造了数不清的宗教和哲学，有的从神秘学角度出发，有的从超理性视角阐释，给出了五花八门的答案。而如今，科技论文铺天盖地，探讨幸福本质、教人追求幸福的畅销书琳琅满目，能显示"你的大脑正沉迷于"某件能够左右你生活满意度之事的强制大脑扫描应运而生，都表明现代科学也跃跃欲试，想要加入寻找答案的大军之中。

试图解答以上这些存在主义问题的方式千差万别，人们所运用的手段也是五花八门——宗教经典、参禅打坐、哲学论证、科学实验等，林林总总，不一而足。

通过以上方法得出的答案，一方面确实令人惊讶，另一方面也反映了人类的创造力，及其明显迫不及待要去探究意义和目的的心态。举个例子，犹太教、基督教、伊斯兰教中有大量不同教派可供选择，此外你还可以皈依佛教中的某一个宗派，抑或在诸子百家中信奉道家或儒家学说。如若你对宗教不感兴趣，偏爱哲学，你还可以转而研究存在主义、世俗人文主义、世俗佛教、伦理文化等等。当然你也可以得出这一切都没有意义的结论——事实上寻找答案这一行为本身就没有意义——从而接受一种"快乐"的虚无主义（没错，这种思想也确实存在）。

而我信奉的是斯多葛派学说。这并不意味着我要让自己喜怒不形于色，时刻压抑情感。尽管我很喜欢"斯波克先生"这个角色（据称，这是《星际迷航》的创作者吉恩·罗登贝瑞以他所理解的斯多葛派信徒为原型塑造的——后来证明这个理解有些流于表面），但是他被塑造出的性格特征反映出人们对斯多葛派信徒最常见的两种误解。其实，斯多葛派学说并不是让人抑制或隐藏情感——而是要我们承认自己的情感，反思情感产生的来由，进而调节情感，使其为我所用。另外，它还要求我们谨记哪些事在自己掌控之中，哪些事在自己掌控之外，从而将精力倾注在前者身上，不要在后者身上白费功夫。这一派学说让我们要践行美德，竭力去引导世界。与此同时，时刻注意自己行为的道德维度。正如我在本书中讲的，践行斯多葛派学说是一种由一系列活动组成的动态体系，这些活动包括：反思经典中的箴言，阅读振奋人心的文字，参与冥想、正念和其他形式的灵修活动等。

斯多葛派学说有一条核心原则：**我们应该认识并区分自己所能掌控的事情和无法掌控的事情**[1]。某些佛教教义也提到过这种区分，而人们常常据此认为：斯多葛派信徒倾向于摈弃社交，遗世独立。然而，如果仔细研读斯多葛派的著作，特别是那些大人物的生平自述，你就会发现这种成见实在荒谬——斯多葛派哲学可以说是一种"入世哲学"，鼓励热爱人类、热爱自然。斯多葛派学说，一方面让人们观照内心，另一方面又鼓励人们参与社交，这充满了矛盾的张力。正是这一点吸引了我，让我对其信受奉行。

我之所以信奉斯多葛派学说，并不是因为我要去大马士革，而是因为我经历了一连串与文化相关的机缘巧合，经历了人生的起起落落，并在哲学层面上做出了慎重的抉择。回想起来，似乎我的人生道路冥冥之中注定会将我引向斯多葛派学说。我在罗马长大，高中时便学习了古希腊 - 罗马的历史和哲学。尽管从那时起我便一直把斯多葛派学说当作文化遗产来看待，但我直到现在才试图在生活中践行它的准则。

我目前从事的是科学和哲学研究，因此会（通过科学）采用

---

[1] 即后文提到的"控制二分法"。——译者注，下同。

比较合乎逻辑的方式来理解世界，并（通过哲学）在生活上做出更好的决策。几年前，我写了一本《为亚里士多德解答：如何用科学与哲学过上更有意义的生活》，在书中建立了一套我称为"科哲"（sciphi）的思想架构。这套思想架构的基础是：将美德伦理学的古典思想和最新的自然社会科学相结合，美德伦理学关注品格发展，追求个人卓越，能够指明我们生活的意义；而最新的自然社会科学则能解释人性，解释我们工作、失败、学习的机理。从建立这套思想架构开始，我便踏上了哲学意义上的自我意识觉醒之旅。

当时还发生了一些事，让我停下脚步进行沉思。从十几岁开始我便不再信教了（我摒弃了宗教信仰，部分是受到罗素《我为什么不是基督徒》一书的启发，这本书是我在高中时读的），所以，对于道德的起源、生命的意义这些问题，我向来都坚持独立思考。我认为，越来越多的美国人乃至全世界的人都面临着一个类似的难题。尽管我赞同不信宗教和信仰宗教一样，只是个人的生活选择，并无优劣之分，也支持美国及其他地区施行的政教分离政策，但是我对所谓的新无神论者（以理查德·道金斯和山姆·哈里斯为代表）心胸狭隘、咄咄逼人的态度感到越来越不快（或者说，被彻底激怒了）。尽管能对宗教（或任何观点）进行公开批评是民主社会健康发展的象征，但是人们一旦被贬低、被侮辱，回应一般不会特别友善。在这一点上，斯多葛派哲学家爱比克泰德显然会同意我的观点，并表现出他特有的幽默："这时候，要是你顶撞他说：'关你什么事啊？你算老几啊？'让他更加难堪，估计他就会对你拳脚相加了。我曾经也很热衷用这种方式和对方理论，果真得到了类似的回应，从那以后我就不这么做了。"

当然，如果你想以一种非宗教的方式探寻如何生活，除了新无神论外，你还可以尝试其他学说，如世俗佛教、世俗人文主义等。尽管这两种学说是人们寻求有意义世俗生活的主要途径，但都不太合我胃口，而我不中意这两者的原因却又截然相反。我觉得，当今佛教的几个主要宗派有点神乎其神，经文艰深晦涩、难以理解，在我们通过现代科学对世界和人类自身状况有了进一步认识之后再来看更是如此（尽管一些神经生物学的研究颇有说服力地证明了冥想有益于心理健康）。至于我多年来信奉的世俗人文主义，则存在一些相反的问题：它过于依赖科学和现代理性观念，尽管它的支持者们已经尽了最大努力，但它给人的印象就是毫无人情味，没有人会想带着孩子在周日早上去学这种理论的。因此，我认为世俗人文主义的组织很难（在规模上）取得成功。

相比之下，在斯多葛派学说里我发现了一种**理性的、不排斥科学的哲学**，这种哲学不仅包含精神层面上的形而上学，而且公开接受修正，最重要的一点是它非常实用。斯多葛派信徒接受普遍因果律这一科学原理：一切皆有缘由，宇宙万物皆按照自然规律发展变化。他们认为，世上没有鬼神之类的超自然存在，但他们同时相信宇宙的构造必然遵循他们所谓的"逻各斯"（logos）。"逻各斯"可以理解为上帝，有时也可以简单称其为"爱因斯坦之神"——一个简单却毋庸置疑的事实：自然是可以用理性来解释的。

尽管斯多葛派学说体系的其他组成部分也很重要，但到目前为止，**务实**是该派学说与众不同的特点：这一学派刚开始是假借追求幸福而有意义的生活之名而创立的，而人们也一直由此来定义斯多葛学派。早期斯多葛学派的大部分作品都已散佚，而今仅存的文本大都来自古罗马晚期的柱廊间讲学（斯多葛派因此得名柱廊学派），因而这一学派的基础文本读起来清晰易懂也就不足为奇了。爱比克泰德、塞涅卡、鲁福斯、马可·奥勒留等斯多葛派学者运用通俗易懂的语言同我们交谈，这与那些晦涩的佛经，甚至早期基督教的华丽寓言有着天壤之别。爱比克泰德曾说过：**"死亡是必不可少的，也是无法避免的。我的意思是，你逃到哪里，才能逃离死亡呢？"**[1] 这是我最欣赏的名言之一，同时也体现了斯多葛派学说脚踏实地的务实精神。我转而信奉斯多葛派学说的最终原因是——它以最直接、最令人信服的方式道出了死亡的必然性，并告诉我们该如何为死亡做准备。最近，我的人生正式迈过了五十大关，虽然这是一个看似随意的人生节点，却促使我思考一些之前没有涉及的问题——我是谁？我究竟在做什么？尽管我不信教，但也在寻找该如何为生命的终结做准备。当今社会，现代科学让人们越来越长寿，因此越来越多的人会发现除了先前的经验、想法之外，还需要决定怎样度过几十年的退休生涯。此外，除了为得益于科学进步而延长的生命寻得意义之外，我们还必须找到让自己和所爱的人应对意识

---

[1]　语出爱比克泰德《论说集》(1：27)。

的终结，应对独一无二的自己在这个世界上烟消云散的方法。并且还要知道如何有尊严地告别人世，收获内心的宁静，这样对生者也是一种慰藉。

众所周知，起初斯多葛派的追随者们倾注大量心血研究塞涅卡所说的"品格和原则的最终考验"，并以此为题撰写了诸多作品。塞涅卡在给友人加伊乌斯·卢西利斯的信中写道："我们每天都在死去。"塞涅卡将此项考验与我们存在的其他方面加以联系："一个人只有明白了如何好好赴死，才能好好活着。"斯多葛学派认为，生命有如一项不曾间断的工程，死亡是生命延续理所当然、自会抵达的终点，死亡本身并没有任何特别之处，因而没有什么好怕的。这种观念让我心生共鸣，我之前总觉得，生与死这两种对立的观点难以调和，而斯多葛学派则在两者之间找到了一种平衡：一方面对缺乏证据和理由让人信服的永生不抱幻想，另一方面也不像世人一样对死亡和个体的消亡采取否定甚至逃避的态度。

正因如此，在复兴古老而实用的斯多葛派学说并将其运用于21世纪生活这条道路上，我不是一个人在战斗。每年秋天都有几千人加入到"斯多葛周"（Stoic Week）活动。这项活动是由英国埃克塞特大学的团队组织开展的，这个团队由学术哲学家、认知治疗师，以及来自世界各地的斯多葛学派信奉者组成。"斯多葛周"既是一场全球性的哲学活动，也是一场社会科学实验。该活动的目的有两个方面：一方面是让人们了解斯多葛派学说及其同我们生活存在的关联；另一方面是收集系统性的数据以确定践行斯多葛派学说是否能改变人们的生活。目前埃克塞特大学已取得了初步研究成果，尽管这些成果还须进一步验证（在"斯多葛周"随后的活动中，他们将采用更复杂的实验方案，选取更多的样本），但前景一片光明。例如，报告称，在第三届"斯多葛周"活动中，参与者的积极情绪提升了 9%，消极情绪下降了 11%，活动开展一周之后，参与者的生活满意度提升了 14%（上一年组织团队对参与者进行了长期跟踪调查，并确认了坚持实践斯多葛派学说的人员所取得的初步成果）。这些参与者似乎也认为斯多葛派学说提升了他们的道德修养：56% 的人在这点上对斯多葛派实践给予了高度评价。当然，得出这一结论的样本是自选的，被测人员对斯多葛派学说怀有兴趣，并相信它的一些假设和做法。所以，对于践行这种具体做法的部分人来说，在短短的几天内看到自己发生如此大的变化，至少也可以鼓励其他对此感兴趣的人关注斯多葛派学说。

这些结果并不完全出人意料，因为斯多葛派学说是许多循证心理疗法的哲学基础，这些心理疗法包括维克多·弗兰克尔的意义治疗、阿尔伯特·艾利斯的理性情绪行为疗法等。人们是如此评价艾利斯的："从对现代心理治疗领域的影响来看，无人能出其右，连弗洛伊德都只能甘拜下风。"弗兰克尔是一位神经科学家，也是精神科医生，他在纳粹针对犹太人的大屠杀中幸存下来，并写成了畅销书《活出意义来》。他浴火重生的故事感人至深、鼓舞人心，可以说是斯多葛派学说在当代践行的典范。艾利斯和弗兰克尔都承认，斯多葛派学说对他们开发心理疗法产生了重要影响，弗兰克尔更是将意义治疗描述为一种存在分析。另一个为斯多葛派学说背书的例子，出自海军中将詹姆斯·斯托克代尔（James Stockdale）的回忆录《爱情与战争》。斯托克代尔坚信，自己之所以能够在越南战俘营长期恶劣的条件下幸存，必须归功于斯多葛派学说（尤其得归功于他所阅读的爱比克泰德的作品）。此外，认知行为疗法（CBT）普遍规则之下日益多样的实践分支也和斯多葛派学说有着千丝万缕的联系，该疗法最初用来治疗抑郁症，如今越来越广泛地应用于治疗各种心理疾病。《抑郁症的认知疗法》的作者亚伦·贝克（Aaron Beck）也承认自己的思想深受斯多葛派学说影响，他写道："认知疗法的哲学起源可追溯至斯多葛派哲学家。"

当然，斯多葛派学说是一套哲学，而不是某种心理疗法。这一点至关重要：心理治疗的目的是在短期内帮人克服具体的心理问题，却未必能指出人生的全貌，或概括出人生哲学。我们都需要人生哲学，也会在有意无意间形成自己的人生哲学。有些人草率地将宗教谈论生活的教义一股脑儿拿来用；另一些人则在日常生活中创造出自己的"哲学"，并没有经过太多思考，而他们的行为又能反映出对生活的见解。还有一些人，则宁愿像苏格拉底所说的那样，花时间审视自己的人生，让自己活得更好。

和其他人生哲学一样，斯多葛派学说不可能吸引所有人，也不可能对所有人都有效。它是一种相当严苛的哲学，它规定道德品格是唯一值得培养的东西；健康、教育甚至财富，都被认为"是可取的无关紧要之物"（然而斯多葛派不提倡禁欲主义，历史上许多斯多葛派信徒都乐于享受生活中的各种美好事物）。这些"身外之物"并不能定义我们作为个体的自身，也与我们的个人价值毫无关系——个人价值取决于品格与善行。由此看来，斯多葛派十分民主，面向所有社会阶层：无论富有或贫穷、健康或病弱、饱读诗书或目不识丁，都不影响你过上有道德的生活，从而达到斯多葛派所谓的ataraxia，即"内心的宁静"。

正因其独特性，斯多葛派学说与其他哲学思想、宗教（佛教、道教、犹太教、基督教）以及诸如世俗人文主义、伦理文化等现代运动都有着千丝万缕的联系。在这种包罗万象的哲学思想中，有一点很吸引我这个非宗教人士，那就是它能够与世界各地其他主要的道德传统有着相同的目标——至少在大方向上一致。这种共性，不仅让我对新无神论采取了更为坚决的抵制态度（我在前面批判过这种令人不快的理论），也让其他宗教人士远离了危害更大的各种原教旨主义——这些思想在近代世界屡屡猖獗作乱。对一个斯多葛派信徒而言，只要我们认识到体面的生活意味着修身养性和关爱他人（还有关爱大自然），而享受这一生活的最佳方式是适当而非狂热地抛开身外之物，那么所谓的"逻各斯"到底是神还是自然根本无关紧要。

自然，还有一些问题悬而未决，而我也将和读者一起在本书中对其进行探讨。例如，最初的斯多葛派学说是一门综合哲学，不仅包含伦理学，还包含形而上学、自然科学，以及逻辑学和知识论的具体方法（知识理论）。斯多葛派信徒重视他们哲学思想的这些方面，因为它们丰富并揭示了这一学说最为关切的问题——如何生活。也就是说，为了选择最好的生活方式，我们还需要了解世界的本质（形而上学），世界运作的机制（自然科学），以及我们如何来了解这个世界（知识论）——尽管最后一点我们做得乏善可陈。

但是古代斯多葛派学者提出的许多特定概念如今已被现代科学和哲学所引进的新概念所取代，因而斯多葛派思想亟须做到与时俱进。例如，威廉·欧文写过一本《生命安宁：斯多葛派哲学的生活艺术》。书中用清晰易懂的语言阐述了作者的观点，即斯多葛派信徒以一种过于严苛的标准将我们能控制的事和不能控制的事一分为二：**除去我们的思想和态度之外，有些事情是我们能够影响的，甚至是在某些情况下必须去影响的，我们应竭尽全力对这些事情施加影响。**与此相对，斯多葛派信徒盲目相信人类对自身思想的控制力也是事实。现代认知科学一再表明，我们常常受制于认知偏差和妄想。但在我看来，这种认识强化了一个观点，即我们应该训练自己的美德和正确的思维方式——正如斯多葛派所建议的那样。

最后，斯多葛派学说最具吸引力的特征在于它开阔的心胸，它的信徒会根据外界的质疑修正自身的信条。换言之，斯多葛派学说是一种**开放式的哲学**，随时准备接纳其他哲学流派（例如古时候那些所谓的怀疑论者）的批评以及新发现的成果。就这一点，塞涅卡说过一句很有名的话："在我们之前有所发现的人并非我们的主人，而是我们的向导。真理向所有人敞开大门；它并未被完全占有。还有许多部分亟待后人去发现。"当今世上充斥着原教旨主义和因循死板的教条，接受这样一种本质上不齐修葺的世界观能让人耳目一新。

综合上述种种，我决定奉斯多葛派学说为我的人生哲学，探索它，研究它，如果有可能的话争取完善它，并与其他志同道合的人分享它。最后，斯多葛派学说当然也是人类为自身铺设的另一条曲折的道路，用以建立一套条理分明的观点去认识世界、认识自身，并让自己有一个更为广阔的格局。这样的认知似乎人人都需要，在本书中，我将竭尽所能引领读者走上这条古老悠久却又充满现代活力的道路。

问题是，我对于斯多葛派学说也仅仅略知一二，所以我们需要求助于更为专业的人士，求他们指点一二，领我们避开最常见的错误，走上觉悟的正途。诗人但丁踏上精神之旅，最终完成了气势恢宏的《神曲》。但丁想象自己突然在幽暗的森林中迷失了方向，前途未卜。结果发现自己来到了（虚构的）地狱入口，即将坠入深渊。幸运的是，他有一个可靠的导师（罗马诗人维吉尔）为他引路。我们将要踏上的旅程并不是地狱之旅，而这本书自然也不是《神曲》，但从某种意义上说，我们也迷失了方向，如但丁一样需要指引。我为我们选择的指路人是**爱比克泰德**（Epictetus）。他是我开始独自探索斯多葛派学说时遇到的第一位斯多葛派信徒。

大约在公元 55 年，爱比克泰德出生于希罗波利斯（今土耳其棉花堡）。"爱比克泰德"并非此人的真名，他的真名现已无从考证。"爱比克泰德"在希腊语中意为"买来的"，由此可以看出他是个奴隶。他的主人爱帕夫罗迪德是一位出名且富有的自由民（以前也当过奴隶），担任皇帝尼禄的书记官。爱比克泰德在罗马度过了他的青年时期。他是个瘸子，可能天生残疾，也可能是先前当奴隶时被主人打残的。但无论如何，爱帕夫罗迪德待爱比克泰德很好，并准许他跟随罗马最知名的老师鲁福斯学习斯多葛派哲学。

公元68年，尼禄驾崩，此后爱比克泰德的主人赐了他自由——在罗马，奴隶主常常会赐特别聪明、有文化的奴隶以自由。接着，他在罗马帝国的首都创办了自己的学校，并一直在那里授课，直至公元93年，罗马皇帝图密善（Domitianus）下令取缔首都所有的哲学家（大部分哲学家尤其是斯多葛派信徒，都曾受到过许多皇帝的迫害，迫害的程度又以维斯佩基安和图密善为最甚。大量哲学家要么被处死，要么被流放：塞涅卡就死于尼禄统治末期，莫索尼乌斯就历经了两次流放。用今天的话说，斯多葛派信徒敢于不畏权贵，正言直谏，而这一点恰恰不为一些大权独揽的皇帝所容）。

后来，爱比克泰德把学校搬到位于希腊西北部的尼科波利斯，在那里接受了皇帝哈德良的拜访（哈德良是罗马帝国所谓的五贤帝之一，此外，五贤帝中的最后一位正是马可·奥勒留，他可以说是历史上最有名的斯多葛派信徒了）。爱比克泰德以教书闻名，吸引了大批知名的学生，其中就包括尼科米底亚的亚利安，此人后来记录了爱比克泰德的部分讲课内容，将其汇集成今天我们看到的《爱比克泰德论说集》。我会以此为基础，在本书中深入探讨斯多葛派学说。爱比克泰德终身未娶，只是在晚年同一女子生活，两人共同抚养了友人的孩子，如果不这样，这个孩子将会因无人照看而死去。

爱比克泰德本人于公元 135 年离世。

一个多么卓越的人物，不是吗？一个瘸腿的奴隶接受了教育，赢得自由，建立了自己的学校，被一位皇帝流放，却与另一位皇帝交好，并在其俭朴的一生即将落幕之时无私地帮助一名年幼的孩子，而他一直活到了八十高龄（那个时代的人能活到这个岁数极其罕见）。啊，最重要的是，他说出了一些在西方乃至全世界都掷地有声的话语。爱比克泰德是指引我们学习斯多葛派学说的不二人选，不仅因为他碰巧是我遇到的第一个斯多葛派信徒，还因为他心思细腻、才思敏捷、擅长讲黑色幽默，而且有许多重要观点和我意见相左。这让我得以阐述斯多葛派哲学巨大的灵活性，这一学说能够适应不同的时代、不同的地区，既适用于公元 2 世纪的罗马，又适用于 21 世纪的纽约。

那么就让我们一起通过爱比克泰德的语录，与他促膝长谈，从而探究斯多葛派学说吧。我们谈论的话题包罗万象，关乎上帝，关乎世界碎片化背景下的世界主义，关乎照料家人，关乎我们自身的人格，关乎愤怒和缺陷的管理，关乎自杀是否道德，等等。在谈论爱比克泰德的同时，我偶尔也会引用古往今来其他斯多葛派作家的观点，穿插其间作为补充。另外，我有时还会挑出我们这位向导所持观点中我并不认同的部分进行反驳，并提出比它们先进十几个世纪的哲学和科学观点加以补充。此外，我还会通过论证，为你描绘出现代斯多葛派学说应有的模样。我撰写此书的目的，即寻求"我们该如何度过此生"这一终极问题的答案。

02　斯多葛哲学旅行路线图

归根结底，美德的目的除了让人生过得平顺之外，还能有什么呢？

——爱比克泰德，《论说集》1：4

我每去一个陌生的地方都会带上一份当地地图。这样一来我不仅能提前了解自己想去的和应该避开的地方，还能把握旅行中所见所闻的情境。本章既是斯多葛派学说概况的地图，又是支撑本书其余内容指导原则的摘要，所以读完本章，大家一定能很好地体验这次旅行。若要欣赏一派哲学或一门宗教（或是任何复杂的概念），我认为必须先了解它的发展历程，而这些发展历程常常百转千折。那么接下来，我们首先来仔细了解一下斯多葛派哲学的历史。毕竟这套哲学学说没准会在你的日常生活中派上用场。

第欧根尼·拉尔修（Diogenēs Laertius）在《名哲言行录》一书中写道，斯多葛学派大约在公元前 300 年兴起于希腊雅典。腓尼基商人芝诺（Zeno of Citium）生于基提翁（位于今塞浦路斯），据传他有两大嗜好：吃青皮无花果和晒日光浴。一次他乘坐一艘载着大批紫红色染料的货船从腓尼基前往比雷埃夫斯，途中遭遇海难。芝诺逃过一劫，此后便对哲学产生了兴趣。他动身前往雅典，在那里找了一家书店坐下来读书，当时他 30 岁。当读到色诺芬（Xenophon）的《回忆苏格拉底》第二部时，他兴高采烈地问书店老板该去哪儿找到像苏格拉底这样的伟人。恰巧当时克拉泰斯（一位犬儒学派哲学家）正从那儿路过，老板便指了指克拉泰斯，对芝诺说："追随那个人吧。"

　　芝诺还真的追随了克拉泰斯，成了他的弟子。刚入师门，芝诺首先从老师那里学会了"如何不为无须羞愧之事羞愧"。一次，克拉泰斯递给芝诺满满一罐小扁豆汤，让他端着走，接着又上前亲自将罐子打破。芝诺见状羞愧万分，立马跑开了。当时周围人都在看，克拉泰斯在他身后喊道："腓尼基小伙子，你为什么要逃？没什么可怕的啊！"在追随克拉泰斯和其他几位哲学家学习了数载之后，芝诺成竹在胸，自立门户。起初，正如大家所预料的那样，芝诺的许多追随者被人们称为"芝诺派"。由于他们通常都在城市中心的彩绘柱廊集会讲学，因此最终这个学派得名"斯多葛派"[1]。芝诺讲学时，任何人都可以前来听讲，他讲的内容涉及人性、责任、法律、教育、诗歌、修辞学、伦理学等多个领域（芝诺流传下来的

---

[1] Stoic，又译为"斯多亚派"，源于希腊语中"柱廊"（stoa）一词。

作品寥寥无几，但第欧根尼·拉尔修将他所著的书名罗列了出来，我们才能对其有所了解）。芝诺十分长寿（有种说法是享年 98 岁）。关于他的死因有两种说法，一种是摔死的，另一种是他觉得自己浑身疼痛，对社会再无用处，所以选择了绝食自杀。

接着是克里安西斯（Cleanthes），再之后，哲学史上出现了另一位关键人物——来自索利的克利西波斯（Chrysippus）。他是芝诺的弟子，也是斯多葛派的第二位领袖。在转行研究哲学之前，克利西波斯曾是一名长跑运动员。他所著颇丰，主题包罗万象（第欧根尼·拉尔修提到过他作品的数量：705 本。简直难以置信），此外，更重要的是，他为斯多葛派注入了大量的新思想。古人言："没有克利西波斯，就没有斯多葛。"

当然，斯多葛派学说并不是凭空产生的。早期斯多葛派学者深受先前的哲学流派及思想家影响，苏格拉底和犬儒学派对它的影响尤为深刻。此外，他们还受到了学园派（柏拉图的追随者）哲学的浸染（关于不同哲学流派的介绍参见本书附录）。他们花费大量时间与对手们，尤其是学园派、漫步学派（亚里士多德的追随者）、伊壁鸠鲁学派的学者进行激烈的辩论。例如，爱比克泰德在《论说集》中用了整整三章来批驳伊壁鸠鲁的学说。以上每一个学派研究的都是"幸福学"——也就是说，他们的目的都在于寻找最佳的生活方式。有些学派强调美德（如漫步学派、犬儒学派、斯多葛学派等），有些主张享乐（如伊壁鸠鲁学派、昔兰尼学派等），另外一些则对形而上学（如学园派）或人类知识的局限性（如怀疑论）更感兴趣。然而，以上所有学派的目的都是一样的——如何过上幸福的生活。

上面这些学派百家争鸣、争论不休的情况一直持续到公元前155年。这一年发生了古代哲学史上的一件大事：斯多葛派（巴比伦的第欧根尼）、学园派、漫步学派的领袖们被选为大使，代表雅典与罗马进行政治谈判。这些哲学家前往罗马共和国的首都，请求罗马减免三年前对雅典征收的罚款，这项罚款的目的是处罚雅典劫掠罗马保护的希腊小城奥洛浦斯。这些雅典哲学家的到访给罗马带来的文化冲击远远超越了外交意义：他们在罗马首都举办的演讲座无虚席，对较为保守的罗马社会体制造成了相当大的冲击，并首次激发了罗马人对哲学的兴趣。

之后，在公元前88年—前86年两年间，有两位哲学家先后在雅典"独掌大权"，他们分别是漫步学派的阿泰尼奥和伊壁鸠鲁学派的阿里斯提昂（试想一下：哲学家成了独裁者！）。但是，他们犯了一个致命的战略性错误——和国王米特拉达梯一起对抗罗马人，这个战略同盟最终导致雅典惨遭洗劫。这段插曲预示着这座庄严的古代哲学之都迎来了末日，因为所有学派的主要领袖都移居到了更为安宁的地方：有的搬去了罗德岛，有的搬去了亚历山大，更多人则直接搬到了罗马。这是西方哲学史上的一个关键时刻。

这段过渡时期，也就是斯多葛学派历史上的第二阶段，被称为"**中期斯多葛**"。伟大的罗马演说家西塞罗曾对斯多葛学派表示同情，他也是我们了解早期和中期斯多葛的主要来源。随着尤利乌斯·恺撒的去世及屋大维·奥古斯都的崛起，罗马共和国最终变成了罗马帝国。这段时期斯多葛派学说十分盛行，一跃成为主流，被称为"**晚期斯多葛**"。当时，著名的斯多葛派学者都十分活跃，包括盖乌斯·穆索尼乌斯·鲁福斯（爱比克泰德的老师）、塞涅卡（皇帝尼禄的顾问）、爱比克泰德本人，以及马可·奥勒留，他们的著作得以大量保存下来。

公元 312 年，君士坦丁大帝赋予基督教合法地位，斯多葛学派及其他一些学派开始走向没落。最终，拜占庭帝国皇帝查士丁尼于公元 529 年关闭了柏拉图学园，这标志着古希腊 - 罗马哲学传统的终结。然而，斯多葛学派的理念却在许多受其影响的历史人物（其中包括批判这派学说的人）的著作中得以延续至今。这些人物中有一些是早期基督教会的教父，如奥古斯丁、托马斯·阿奎纳、高德诺·布鲁诺等，还有托马斯·莫尔、伊拉斯谟、蒙田、弗兰西斯·培根、笛卡儿、孟德斯鸠、斯宾诺莎等。现代存在主义乃至新正统派新教理论统统受到了斯多葛学派的影响。进入 20 世纪，斯多葛派学说于二战后复苏，正如前面所说的，弗兰克尔的意义治疗、艾利斯的理性情绪行为疗法，以及认知行为疗法的庞大体系，都是在这一派学说的启发下诞生的。

尽管斯多葛派学说一开始就被设计成一种相当实用的哲学，但如果没有某种理论框架作为基础，它就无法上升为"哲学"。这一框架就是——过上（幸福论意义上的）好的生活，人们必须了解两件事：**世界的本质**（引申开来还包括个人在世界中所处的位置），以及**人类理性的本质**（包括理性何时会失效，因为这种情况十分常见）。

为了追求这些目标，古代的斯多葛派学生可能会研习物理学、逻辑学、伦理学等——尽管这些术语的含义和我们今天的用法存在一定差异。斯多葛派的"物理学"研究的是世界如何运作，其中包含我们今天所说的自然科学，以及形而上学（今天是哲学的一个分支），甚至还有神学（斯多葛派信神，但是他们的神是物质层面的"神"，在宇宙中无处不在）。斯多葛派的"逻辑学"包括我们今天所说的逻辑学内容——形式推理研究。实际上，古代斯多葛派学者在这一领域贡献良多，此外也涵盖了现代知识论（研究知识的理论）、修辞学（研究如何最有效地向他人传达思想）、心理学（着重研究人类心理如何运作，以及在什么时候、用什么方式无法做出正确推理）。

斯多葛派学者研究物理学和逻辑学的目的，并非来自这两种理论本身。这一态度和早前的苏格拉底很像，但有别于和他们同时期以及在他们之后的众多哲学家。他们对于理论的兴趣并非来自理论本身。**如果哲学不能为人类生活所用，那它就毫无用处。**但是物理学和逻辑学究竟怎样和"过上好生活"这一斯多葛派伦理学的研究对象联系起来呢？想要弄清楚这个问题，得先了解我们所说的 ethics（伦理）和 morality（道德）两个词的来源。ethics 来自希腊语 êthos，与我们对人格的定义相关；morality 则来自拉丁语 moralis，与习惯和风俗相关。事实上，西塞罗首先将希腊词语

êthos 译为拉丁语的 moralis。因此斯多葛派伦理学的基本观点就是：**如果不了解一些物理学和逻辑学，那么培养高尚品格、践行良好习惯就无从谈起。**

斯多葛学派使用了几个隐喻来阐明他们的观点，其中以克利西波斯的**花园隐喻**最为精辟，他们说花园中的果实象征着伦理。要收获美味的果实，就必须给植物充足的养料——而花园的土壤就是物理学，让我们了解自己所生活的世界。此外，还要给"花园"围上篱笆，使其免受不好的影响，否则花园中将杂草丛生，佳树好花将难以生长——而这道篱笆就是逻辑学，它能将错误的推理隔绝在外。

为什么斯多葛派在这三个领域的研究如此重要？我们的朋友爱比克泰德有着非常独到的见解：

> 想成为一个优秀而高尚的人，必须从三个方面加以训练。第一个方面和两个意愿有关，即得到的意愿和回避的意愿。人们必须训练自己，从而做到得所欲得，避所欲避。第二个方面关乎两种冲动——行动的冲动和不行动的冲动，简言之，就是指要找到那个度：我们应当考虑周全，小心谨慎，按部就班地做事。第三个方面是要让自己不受蛊惑，不随意评判。总的来说，这一点和认同有关。

以上三点常被称为**斯多葛派三大原则：欲望、行动、认同**。它们与三个研究领域、四种美德（稍后进行详细讨论）直接相关，具体方式如下：

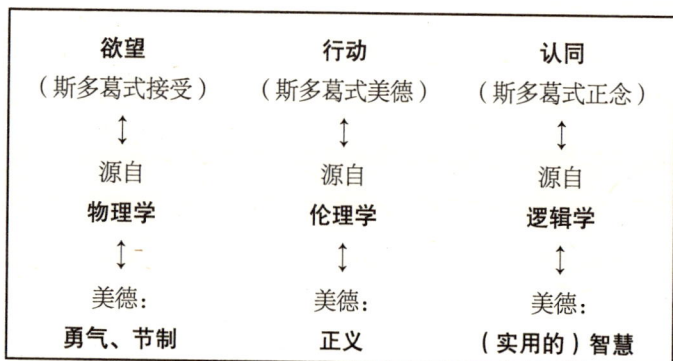

欲望	行动	认同
（斯多葛式接受）	（斯多葛式美德）	（斯多葛式正念）
↕	↕	↕
源自	源自	源自
物理学	**伦理学**	**逻辑学**
↕	↕	↕
美德：	美德：	美德：
勇气、节制	**正义**	**（实用的）智慧**

图 2-1 斯多葛派三大原则（欲望、行动、认同），三大研究领域（物理学、伦理学、逻辑学）以及四项基本美德（勇气、节制、正义、实用的智慧）的关系

这幅图涵盖了斯多葛学派的诸多思想，掌握这幅图是了解斯多葛派信徒追求的绝佳途径。

首先，欲望原则（也被称作**斯多葛式接受**）告诉我们追求什么是合适的，追求什么是不合适的。之所以这么说，是因为有些事情在我们能力范围之内，有些在我们能力范围之外。我们只要对世界如何运作有所了解，便能领会这一关键区别，因为只有没受过物理学教育的人才会产生错觉，认为他们能够掌控自身能力之外的东西（也就是盲目乐观）。在斯多葛派四种美德中有两种和控制欲望相关：（面对事实并采取相应行为的）勇气和（管控欲望，使其同我们力所能及之事相匹配的）节制。

其次，行动原则（从关爱他人的意义上说，也叫**斯多葛式美德**）告诉我们在这个世界上该如何做人。它源于对伦理学的充分理解，伦理学所研究的是如何生活，依凭的美德是正义。

最后，认同原则（或称**斯多葛式正念**）告诉我们如何应对各种状况——对我们的第一印象采取认同或否定的态度。这一原则是通过研究逻辑学——怎样思考合理，怎样不合理——而得出的，依凭的美德是实用的智慧。

本书将围绕这三大原则展开。在开篇我们先谈欲望——想要什么是合适的，想要什么是不合适的，从斯多葛学派的角度研究我们力所能及和力所不及之事的根本区别，并借由这一区别搭建一套实用的框架，为我们在生活中做出重大抉择的时刻提供指导。我们还会了解到：为何斯多葛学派认为我们应该"遵循自然"，即了解人类天性以及我们在宇宙中所处的位置；（比方说）向苏格拉底学习，以合适的角度看待自己所拥有（或缺少）的身外之物（健康、财富、教育），审视斯多葛学派如何看待上帝和宇宙之目的。

本书的第二部分致力于探讨行动原则，或者说关注我们如何处世。我们将了解到：为什么斯多葛学派认为人不管身处何种环境，人格最为重要；为什么他们认为人们作奸犯科并非出于本意，只是世界观出了偏差，而错误的世界观有时会让人为非作歹；为什么斯多葛派认为榜样对我们的教育和启蒙至关重要，以及如何选择好的榜样；还有斯多葛派学说如何给那些深陷困境的人——包括罹患严重生理或精神疾病的人提供帮助。

本书的第三部分将讨论认同原则，或者说面对形势如何做出最好的回应。这个原则不仅适用于我们日常碰到的各式问题，如生气、紧张、孤独等，还适用于我们生活中积极的方面，比如友情、爱情等。我们将看到斯多葛派信徒如何坦然迎接生命尽头无法避免的死亡，并探究他们对于自杀这个敏感话题复杂微妙的看法。最后，我将带你一起完成我精挑细选的 12 条行为守则，助你踏上践行斯多葛派哲学之路，成为一个你所能成为的最好的人。

第一部
欲望原则：何物可求，何物不可求

03 有些事我们能够掌控，
有些事我们无能为力

我们必须充分利用我们所能掌控的事物，其余的顺其自然。

——爱比克泰德，《论说集》1：1

- -

1990 年我来到美国。除了从小到大看过不少意大利语配音的好莱坞电影、电视剧之外，我对美国文化知之甚少，一个好友建议我读一读库尔特·冯内古特的短篇小说，从而以一种非正式的方式学习美国文化。

《五号屠场》出版于 1969 年，是一部奇书。主人公比利·皮尔格里姆发现自己被一帮名叫"拉法马铎人"（或许这个名字是他臆想出来的）的外星人给绑架了，并与另一个被捉的地球人——艳星梦坦妮·怀尔德哈克一起关进动物园展览。拉法马铎人能穿梭于四维空间——通常的三个维度再加上时间维度——因此可以随意重回他们生命中的任何时刻。比利从俘虏他的人那边学会了这项技能，然后利用这项技能来讲述他生命中的重要时刻，包括同盟国在二战末期轰炸德累斯顿这一饱受争议的事件。

下面这段话是我在读《五号屠场》的时候看到的，它被装裱在比利位于地球的验光办公室中，也被铭刻在梦坦妮佩戴的盒式吊坠里：

> 神啊，请赐予我内心安宁以接受我所不能改变的，请赐予我勇气以改变我所能改变的，请赐予我智慧以分辨这二者之间的差别。

当然，这段"安宁祷文"浓缩了主人公贯穿全书的追求——比利极其渴望安宁，并且认为只有意识到过去的事无法改变，能左右的只有当下，这样才能获得安宁。认识到这一点需要勇气——不是打仗时那种勇气，而是一种更加微妙，或者说更加重要，能让你最大限度上过好这一生的勇气。

现代版的"安宁祷文"据说是美国神学家莱因霍尔德·尼布尔所作，他早在 1934 年就曾在布道时用过这篇祷文。如今这篇祷文因为被戒酒互助会以及许多其他运用 12 步疗法的组织采用而广为人知。然而，在不同国家、不同文化中，我们都能找到同样的感叹。11 世纪的犹太哲学家所罗门·伊本·盖比鲁勒曾说过这样的话："他们说：在形成所有认识之前——要先认清某物是什么，某物不可能是什么，并对那些自己不能左右的事情放宽心。"公元 8 世纪的印度佛教学者寂天也写过类似的话："如果困难有办法解决，那为何要沮丧？如果困难没有办法解决，发愁又有何用？"

甚至，还有更古老的说法："充分利用我们所能掌控的事物，其余的顺其自然。有些事由得我们做主，有些事由不得我们左右。看法、冲动、渴望、厌恶——简而言之，我们的所作所为，自己能够做主。肉体、财产、名誉、职位——我们所作所为之外的事，由不得我们做主。"这段话见于爱比克泰德《手册》（*The Enchiridion*）的开篇。因为这一观点是爱比克泰德学说的基础，对于以芝诺为伊始的整个斯多葛派哲学体系具有举足轻重的作用，所以就让我们通过仔细思考这段话来开始斯多葛派学说的探索之旅吧。

上文提到的这些学说之间的相似性，揭示出斯多葛派的智慧传播广泛，绵延几个世纪，尽管这一点往往被我们忽略。此外，斯多葛派的一些重要概念也出现在其他哲学和宗教传统中，如犹太教、基督教、佛教、道教等。这些相似点部分来自学派之间直接或间接的交互影响，部分则反映出智者们关于人类生存状况的思考最终百川归海。虽然本书主要谈论的是斯多葛派学说，但我们会频繁接触在不同时期、不同文化中的人通过实践提出、再现、验证的观点。这些观点确实历经了时间的考验，所以将其运用于生活一定是一种明智之举。

就在前几年，有一天我在古罗马广场上散步，由于重读了冯内古特的小说，我脑中一直回味着我那位睿智的朋友爱比克泰德的话。

忽然我意识到了一个问题：他在某些地方做了太多让步，在某些地方却又做得不太够。爱比克泰德认为：我们能够控制自己的看法、冲动、欲望、厌恶等心理活动，但身体状况、财产、名誉乃至所担任的公职都是我们无法控制的。我想对他说，这种想法稍有偏颇。一方面，在阅读、聆听、讨论的过程中，我自己的看法会受到他人影响。至于冲动、欲望、厌恶等心理活动，很多时候都是出于本能自然产生的，我所拥有的只是避免将其转化为行动的一点意志力而已。（举例说，橱窗里有十分诱人的冰激凌吸引了我的注意，但是我当时并不想吃，而且吃了还会发胖，所以我控制住没有买。）另一方面，我当然也可以通过健身、健康饮食等方法照顾好身体；我可以在经济条件允许的范围之内决定自己要什么，我也可以和同事、同学、朋友、家人一起为名誉而奋斗。另外，虽然我没有担任公职，但是否去从政是我自己决定的，是否争当候选人、为自己拉选票的决定权也在我自己手上。

正当我对着斯多葛派大师喋喋不休的时候，突然意识到自己其实只是因为活在 20 世纪而自鸣得意。我所说的一切，爱比克泰德当然都知道，他的智商没问题，所以他想表达的意思肯定不局限于字面上。我本不该这么惊讶，因为不管解读什么文本，都需要了解其特定的时代背景。人们往往需要一个向导来提供这些信息，而我在散步时身边早已有了一位绝佳人选。我问他："您对我提出的反对意见怎么看？"像往常一样，爱比克泰德用比喻回答了我的问题："我们的行为就像在海上航行，我能做什么？我能做的是挑选舵手、水手，起航的日期和时刻。接着，船在海上遭遇了风暴。我有什么好担心的？我该做的都已经做了，接下来该由舵手负责。如果天气不好，船无法航行，我们心烦意乱地坐着，到处张望，我问：'现在吹的是什么风？'舵手回答：'北风。'我们又能对此做些什么呢？'什么时候会吹西风啊？'这得看老天爷啊，亲爱的先生。"

从爱比克泰德的例子中，我们可以清楚地看到，所谓**斯多葛式控制二分法**（一些事我们能够决定，另一些事我们无能为力）——其实是认识到了我们自己对世界产生的三个层面的影响。首先，我们做出某些选择，定下某些目标（航海），以及达成这些目标看似最好的方法（经验丰富的水手）。接下来，需要认识到，并不是做出选择之后我们就能实施特定的行动方针。比如我们所选的舵手可能在起航的当天生病，或者他坐地起价。最终，一些因素会完全超出我们的控制范围，例如风的方向和强度，我们就算一心想对其施加影响，最终也会发现自己根本无能为力。

碰巧我在写这本书的时候也经历了一件可怕的事，恰好和爱比克泰德的比喻如出一辙。当时我和我兄弟一起从罗马乘飞机去伦敦参加一个哲学音乐节的活动，那场旅行中很多事都在我们的掌控之中，比如我们决定去，同意搭乘组织方安排的飞机（这给我们提供了特定的飞机和"舵手"）。而当我们即将在盖特威克机场降落时，发生了一件我们完全无法控制的事。当时我们离地面非常近，能清晰地看到跑道，突然飞机引擎发出巨大的轰鸣声，我们感到飞机猛地一加速——突然停止降落，反而重新迅速爬升。这可不是什么好兆头，但飞行员表现得很冷静。他通过扩音器告诉我们，由于"机场限流问题"，我们要掉个头，重新着陆。事实证明这不过是一种委婉的说法，本意应该是："有架飞机还滞留在供我们使用的跑道上，而我们差点就砸在这架飞机上了！"而且控制塔根本没有注意到这一点！多亏了飞行员的迅速反应和飞机的强大引擎，我们才幸免于难——显然这两个因素都不受我们控制。我能知道这些，还是因为我那位靠窗的邻座不断告诉我事情的进展。奇怪的是，在这起事故过程中我的内心异常平静。我常常会想旅行中什么时候会发生危险，"这得看老天爷啊，亲爱的先生。"老哲学家再次言中。

爱比克泰德有一个重要观点——我们都有一种杞人忧天的奇怪倾向，并会把精力集中在那些我们无法控制的事情上。而斯多葛派信徒则认为生活好比一个方程式，我们更应该注重那些我们可以控制或影响的参数，例如确保此次航行是我们真心向往的，并且理由充分；确保花时间进行调查，为我们的航船（飞机）选择最好的船员（航空公司）；并在出发前做好相关准备工作。斯多葛派学说教给我们的第一条，便是将精力和气力花在力所能及的事情上，其余之事则顺其自然。这样一方面可以节省许多精力，另一方面还能消除许多烦恼。

另一位斯多葛派学者西塞罗的比喻也许能帮助我们理解这个观点。试着想象一个弓箭手正在射箭。西塞罗解释说："有些事情是弓箭手可以控制的：他决定了训练的次数和强度，他通过计算距离和目标类型选择弓和箭，他尽自己最大努力瞄准目标，并且他也决定了何时放箭。"换句话说，如果他是一个认真尽责的弓箭手，那么在箭离弦那一刻前他已经尽力做到最好了。所以，现在的问题是：箭会击中目标吗？很显然，这可不是他能控制的。

毕竟忽然吹来的一阵风就能改变箭的方向，致使它完全偏离目标。或者其他东西，比如经过的一辆马车，也可能突如其来挡在弓箭手和目标中间。最后，目标本身（尤其当目标是敌方士兵时）也会移动来躲避飞来的武器。所以西塞罗才会得出这样的结论："射中目标一事可以选择，但不可希求。"这样一个看似含糊的论述，它的含义现在应该很清晰明朗了：斯多葛式弓箭手决定**尝试**射中目标，并尽其所能做到这一点，但他也能够平静地接受可能出现的消极后果，因为结果永远不会完全在他的掌控之中。其他变量会介入——我们决定做任何事，都可能出现这种情况。

就在我们谈话的时候，我意识到爱比克泰德教会我的道理能够在我生活的方方面面发挥作用。例如，试想一下我们对自己身体的"控制"程度。从儿时起，我就一直在同自己的体重做斗争。我小时候挺胖的，你可以想象，我常常在学校里被人欺负。后来十几岁时我就变得很没有安全感，在人际交往方面尤其如此，和女孩子相处就更别提了。随着时间的推移，我的情况逐渐好转，但是体重问题一直困扰着我，并且还会一直持续下去。但是在这点上斯多葛派的观点给了我很大帮助。首先，我无法控制我的基因（这是我父亲的精子与我母亲的卵子之间一次偶遇的结果），也无法控制与之同样重要的早期成长环境。小时候我跟我祖父母一起生活，他们给我吃什么我就吃什么，一顿吃多少，一天吃几顿，都是他们说了算。作为一名专攻先天与后天研究的生物学家，我认为我们的习惯是在基因和婴儿、儿童期成长环境相互作用下形成的，对这种早期影响的重要性再怎么强调都不为过。

　　然而，这并不是我们怨天尤人、自暴自弃的理由。长大成人最关键的一点，就是能够对自己的生活（包括选择吃什么、吃多少、去不去锻炼、锻炼强度多大等等）更好地加以控制。因此，虽然可能错过了最佳时期，但我依然决定适当锻炼，以保持肌肉的张力与有氧代谢能力，而且坚持了至少十五年。几乎在同一时期，我开始读营养学的入门书，留心观察食品标签，平时也注意食品营养，适量饮食。在生活中，我可能比预想中的更加频繁地践行了上面的习惯，很明显，这些习惯给我的结果是积极的——我更健康了，看起来也更精神了，而这一切反过来又让我的心理更健康了。但我仍然没有，也永远不会拥有那种修长、结实的身材，这种条件有的人天生就有，有的人则可以通过艰苦努力（当然也是在他们的基因和早期成长的推动下）塑造出来。这个曾让我备受困扰、深感挫败的问题，如今已经没了踪影。我已经把斯多葛派的态度融会贯通：我能够控制一些事情（吃什么、去不去锻炼），但是对有些事情（基因、早年经历和其他一些外部因素，例如锻炼效果）却无能为力。所以对于最终结果（我现在的身体以及健康程度）我能做到心平气和地接受；正如西塞罗所说，这是一个"可以选择却不可希求的结果"。无论结果如何，我已经拼尽全力——这一认识足以让我满意。

斯多葛式的控制二分法作用于我们生活的方方面面。假设你在工作中有了晋升的机会，考虑到你在公司工作多年，业绩有目共睹，和同事、老板都相处融洽，你觉得自己升职合情合理。假设你明天会得知结果，用斯多葛派的思维方式能让你睡个好觉。然后明早无论结果如何，你都能以一种胸有成竹而不是听之任之的态度面对。但你的这份自信，并非来自结果——结果依然是你无法控制的，它取决于无数的变量，包括你公司的内部政策，老板是否欣赏你，你与同事之间的竞争是否激烈……这些都不是你自信的来源，你的自信在于——你知道自己已经做了力所能及的事，而这些事，也只有这些事，正在你的掌控之中。世界自有其运行的规律，不会围着你转；你的老板、你的同事、你公司的股东、你的客户，还有其他的因素都是世界的一部分，所以你为何要期望他们对你言听计从呢？

或者假设你是一位家长，有个十几岁的女儿，尽管她的童年快乐无忧，并且你觉得她和你很亲密，但她有一天突然开始叛逆，处处跟你作对。你通常的反应可能是懊悔，觉得自己在女儿小时候没有做到面面俱到，尽管你也想不出自己哪里做得不好。此外，你还会因为控制不了局面而感到无能为力；你也会感到沮丧，因为你那原本快乐的孩子不再搭理你，甚至好像有点（至少暂时）看不起你。爱比克泰德告诫我们，懊悔是在浪费感情。过去在我们的掌控之外，无法改变。我们可以也应该从中吸取教训。但是我们唯一能改变的是当下正在发生的事情。正确的态度是：认识到自己已经尽心竭力地养育了女儿，并为此感到欣慰——事实上，你现在仍然在竭尽全力帮助她度过人生中这一困难时期。不论你能否成功，冷静地接受最后的结果才是最佳选择。

要知道，我并不是在建议你逆来顺受。斯多葛派学说经常被误解为一种消极的哲学，但是逆来顺受不仅仅和斯多葛派学说背道而驰，而且更重要的是，它和斯多葛派实践也南辕北辙。我们所知道的斯多葛派信徒有教师、政治家、将军、皇帝等，这些人都不会听天由命、随波逐流。相反，他们博学睿智，能够区分自己所能控制的内在目标和自己能够影响但无法控制的外在结果。正如"安宁祷文"中所说的：意识到这种差异，正是一个人成熟而睿智的标志。

每当我身处困境，总会想起斯多葛学派另一个有关心灵平静的故事，这个故事很有名。幸运的是，我遇到的困难和故事主人公相比，简直小巫见大巫。帕格尼斯·阿格里皮纳斯（Paconius Agrippinus）是公元 1 世纪的斯多葛派信徒，他的父亲因涉嫌叛国被皇帝提比略处死。公元 67 年，阿格里皮纳斯遭到另一位皇帝尼禄同样的（可能也是不公正的）指控。爱比克泰德叙述了当时发生的事："他听到消息：'你的审判正在元老院进行！''希望有个好结果，但已经五点钟了'——这一向是他去锻炼然后洗冷水澡的时候——'我们去锻炼吧。'他锻炼完毕，他们过来告诉他：'你被定罪判刑了。''流放还是死刑？'他问。'流放。''我的财产呢？''没有被没收。''那我们一起去阿里恰吃晚饭吧。'"阿格里皮纳斯的反应可能听起来很自负，就像在好莱坞电影里面镇定自若的英雄会说的台词——也许还是加里·格兰特或者哈里森·福特扮演的英雄——并不像现实里的人会说的话。然而,这正是斯多葛派学说的力量。我们能控制自己的行为,无法控制行为导致的结果,更别说控制别人的行为了——将这种基本真理内化于心,记住我们已经在当前情况下竭尽全力,因此能够平静地接受任何结果。

顺带一提,阿格里皮纳斯的一个朋友,一位元老(也是斯多葛派信徒)特拉塞亚·帕埃图斯,也被尼禄的爪牙指控,他就没这么幸运了。用罗马人委婉的说法,他被判处"自由选择一种方式死亡"(liberum mortis arbitrium),即勒令自杀。听到判决后,他平静地向和他一起吃饭的众人告辞,起身回到卧室,并邀请带来皇帝命令的执行官,在他的见证下割脉。随后特拉塞亚就和自己的朋友德米特里厄斯——犬儒主义对立学派的一位哲学家——讨论灵魂的本质,然后等待死亡降临。

阿格里皮纳斯和特拉塞亚显然异于常人,而值得庆幸的是,我们当中很多人并没有活在反复无常的暴君统治下——尽管如此,但很不幸,在尼禄死后两千年的今天,这样的领袖依然大有人在。然而,搞懂控制二分法的基本理念及其含义才是紧要之事。如果我们认真思考这一概念,就会发现不论大事小事,大多数事情其实都不是我们可以掌控的。这一认知同时也得到了佛教和其他哲学派别、宗教传统的赞同,而由此推出的结果便是我们不论对物还是对人都不能太执着。这个想法不容易理解,从而导致人们对斯多葛派学说产生了另一种误解。爱比克泰德相当直白地对我解释道(我后来意识到他是为了一下子镇住我，好让我的头脑稍微开阔一些，来接受和那个观点格格不入的概念）：

那么应当如何好好训练这个能力呢？首先，最本质、最重要的一点，便是如果你执着于某物——不是那种带不走的东西，而是像水壶或者水晶杯之类的东西，你应当记住它的本质，这样就算它破碎了，你也不会因此烦心。对人也应该如此：假设你亲吻自己的孩子或兄弟朋友，必须提醒自己你爱的是凡人，你所爱的一切都不是你自己的；你所拥有的只有片刻光阴，既无法永存，也无法永不分离。反倒像是无花果或葡萄，一年中只成熟一季，如果你在冬天渴求这些水果，那你就在痴心妄想。所以同样地，如果你在并不拥有儿子或是朋友的时候渴望他们，无异于在冬天渴求无花果。

暂停一下，再重读一遍上面那段话。和多数人一样，我相信当爱比克泰德谈论水壶和水晶杯的时候，你们会赞同他关于执着的说法——当然，没有必要执着于身外之物（虽然许多人的确放不下这些东西）。毕竟，它只是个杯子（或一部苹果手机），就算它是一个昂贵的杯子（苹果手机可没有便宜的），碎了也没什么大不了。但是当这位哲学家将话题转到我们的孩子、兄弟或朋友身上时，很多人就会方寸大乱了。你可能会说，蛊惑人们不去关心他们所爱的人是多么残忍啊！一个人要多么反社会才会拿我兄弟和无花果做比较，不管把他比作当季的无花果还是过季的无花果都难以让人接受。

可是仔细琢磨过后，我发现爱比克泰德不是在劝我们别去关心所爱之人，而是在阐明一个事实，尽管这个事实可能会让人难以接受。斯多葛学派产生和兴起的时代政局动荡，人们的生活可能在转瞬间天翻地覆，无论老少，人人都面临着死亡的威胁。即使生活年代比爱比克泰德晚一个世纪，深深受其影响的罗马皇帝马可·奥勒留也有着自己的不幸，尽管他已经是整个罗马权力最大的人了。他膝下有十三个孩子，但只有一个儿子和四个女儿在他死后依然健在。这个家庭拥有极为优越的物质享受，食物是最好的，医疗条件也是当时最好的（马可的私人医生盖伦是当时的大名医）。

更确切地说，我们之前就知道爱比克泰德收养了友人之子，使其免于夭折。由此可知，即使是对那些和自己没有血缘关系的人，这位哲学家也不失同情和关怀。而爱比克泰德教会我的就是鼓起勇气，直面生活的现实。这种现实包括"人皆有一死"这个事实，如果要说谁属于谁，那我们都不属于彼此。理解这一点，并非仅用来让自己可以安然面对爱人逝去或挚友离国（放逐在当时很常见，就相当于现在出于经济原因搬迁或因为暴力和动乱逃难）。这样的现实同时也警醒我们趁还有机会，应尽情享受同伴的陪伴和关爱，尽量不要把这些当作理所当然，因为可以肯定将来某天我们和他们都将和彼此告别，而欣赏他们唯一对的"季节"也将一去不返。我们永远活在"当下"（hic et nunc）。

命运使然，上面谈到的现实及其真谛，在 2016 年夏天毫无预兆地展示在了我面前。当时，我不顾家人的担忧，去伊斯坦布尔待了三天，我的家人对我说就在我到达的几天前，那个城市发生了一起骇人的恐怖袭击。但我认为——正如后来的结果表明确实如此——连续发生两起恐怖袭击的可能性不大，尤其在恐怖袭击之后，肯定会提高安保级别，所以这样的风险是我可以接受的。然而，我没考虑到可能发生政治动荡。

一天晚上，我正和几位好友在伊斯坦布尔历史街区一家极好的克里特餐厅用餐，当时很晚了，只有几张桌边还坐着人，这时我注意到我们的邻桌，所有人都盯着手机。我对此的第一反应是我又一次目睹了现代科技带给人们的危害：人们宁可刷 Facebook，也不愿意和一起吃饭的同伴聊天。但马上我就认识到我应该排除对第一印象的认同（斯多葛派的说法），因为这些食客表现得太过专注，忧心忡忡，以至于我的猜想难以成立。事实上，当时外面正在发生一起政变，他们则在关注相关报道。而我们在桌上对这件事的反应十分冷静，我们酒足饭饱，谈天说地。我的土耳其朋友把这件事和他们国家历史上类似的事件联系了起来。

从某种程度上说，我们得立刻决定去哪儿。有传言说所有桥梁都被军方封锁了；若真如此，我们就没法回到伊斯坦布尔中部的旅馆了。而结果是，只有博斯普鲁斯海峡上方连接亚欧大陆的两座桥遭到封锁。打不到出租车，我们只能小心地步行。当走到桥边时，我们看见警车封锁了几条街，有些人好奇地在旁边看热闹，不知道发生了什么。好消息是，社交网站没有被封锁（事实上也从未被封锁过），所以我们暂时可以跟家人报个平安。

事实上，局势平静得有些出奇——人们抽着烟在桥上钓鱼，和平时没什么两样。带着些许困惑，我们回到旅馆上床睡觉。接下来几个小时里，我们听到直升机、战斗机在头顶飞过，随后传来两声巨响，后来我们才知道爆炸发生在塔克西姆广场附近。但我们早上醒来的时候，一切看起来都一如平常，街上行人往来（尽管人比平时要少些），咖啡馆照常营业（尽管许多博物馆都闭馆了）。机场暂时还没有开，所以我们尽可能低调，在附近散散步，看看书，并多多注意新闻，后来有人跟我们说我们的航班虽然改期，但按计划依然会起飞。我们可以在零点左右到机场，先飞去巴黎，再转机去纽约。

接下来，就变得有点麻烦了。我们坐出租车去机场时，有上百人堵塞了道路，尽管政变在首都安卡拉和一些小城市导致了数千人伤亡，人们依然在庆祝政变失败。一般而言，被疯狂的人群堵在路上绝不是什么好事，尤其在双方语言不通的情况下，更是危险万分。而我们当时的情况更糟，因为围着我们的是一帮看到街上的鲜血而变得无比亢奋的青年。换作是你，肯定也不想看到自己的司机由于堵车而气急败坏地对另一个司机嚷嚷。尽管危机四伏，我们最终还是抵达了候机大厅，安全登机前往欧洲，接着飞去美国。

对于斯多葛学派的学生来说，第一，这段经历特别强调了本章的基本原则——我们掌控之内的事情少之又少。我每天对自己重复着这一原则，试着时刻牢记在心，但是再没有什么能像突然颠覆社会秩序这种事如此强力地证明这个观点。第二，我和同伴们在伊斯坦布尔的 24 小时里表现得十分沉着冷静，这让我很讶异。的确，我们从未真正遇到具体的危险，但形势扑朔迷离，特别是当听到爆炸声和军用飞机在头顶飞过时，心中难免会有些焦虑。第三，出租车驶过机场高喊的人群时，我意识到在情感上操控别人，玩弄人们的恐惧和愤怒是多么容易。因此，我更加认同斯多葛派的一个观点——永远不该认同这类情感，要时刻反省这些情感，以获得更积极的态度——在这种情况下，你可以尝试理性地分析事情发展的原因，以及此事会让整个国家何去何从。在伊斯坦布尔，我践行了斯多葛派思想，在非常事态下取得了很好的效果，还强化了一个观点，让别人也能从中获益——即使他们并未身处事件的中心。

04　依从自然去生活

我们常说，文明、友爱、忠信是人之本性。这句话不矛盾吧？

——爱比克泰德，《论说集》4：1

　　古时候，斯多葛派信徒有两点很出名：一是为了向别人解释他们的哲学而创造了许多新名词；二是他们喜欢把信条概括成精练的短句，以便在需要之时提醒自己。很早以前，基提翁的芝诺说过一句类似这样的名言：**我们应当依从自然去生活。**

　　"什么？"我半开玩笑地问爱比克泰德。难道斯多葛派学说摇身一变，成了一种主张环保的新思潮？不，他平静而肯定地对我说："单从兑现承诺这件事来看，人类就很不平常。人类是什么？一种理性动物，受制于死亡。我们马上会问，理性将我们同什么区别开来呢？同野兽区别开来。还有呢？同绵羊等家畜区别开来。只要诉诸理性，你便不会如野兽般行事，否则，你便摧毁了自己内在的人性，从而无法兑现承诺。"

古人十分清楚人类是一种特殊的动物。亚里士多德说过一句名言："我们是理性动物。"这句话并不意味着我们的所作所为都是理性的，因为只要简单观察一下便可知道并非如此。他的意思是，我们都具有保持理性的能力。他还认为，我们都是政治动物，这并不意味着我们要参与政治竞选或演说（尽管我们确实也这样做），而是我们都生活在城邦——一种与他人共存的社区当中。更重要的是，我们在这里生生不息。亚里士多德认识到我们生来便兼具社会性与理性，斯多葛派由此得出：人类的生活就是将理性运用到社会生活中。亚里士多德思想与斯多葛派学说的区别尽管有些模糊，却至关重要——亚里士多德认为，在动物世界中，人类的特殊**机能**便是思考的能力，是故沉思是人类生活的最高**目标**。但是可想而知，这一目标可能会导致一种相对孤立的生活，所以斯多葛派转而强调社会性，其本质上认为人类生活的意义在于运用理性，尽力创造出一个最好的社会。

而眼下的问题在于，关于人类天性的观点似乎有些碰壁。无论是科学家还是哲学家都对其颇有微词，其中一些人完全不认同这种观念，认为它源于一种狭隘的世界观。然而，我认为他们这种想法大错特错。

直到 19 世纪中叶，西方的人们依然认为所有动物（包括人类）都是由全能的上帝一个个专门创造出来的。由此可见，他们并不难接受亚里士多德对于这个问题的看法，并按照自身宗教信仰重新对其进行诠释：人类是依照上帝的形象被创造的，具有特殊性，同时人类在被创造的过程中也带有特定的目的……他们要执行上帝对于宇宙制订的一切计划，并崇拜他。

然而查尔斯·达尔文横空出世，并在1859年出版了《物种起源》。达尔文和他的同事阿尔弗雷德·R.华莱士通过实验收集了大量证据，并依靠这些证据得出了以下两个革命性的洞见：其一，地球上所有物种都以相同的血统相互关联，就如同在树形族谱上的人们，和兄弟姐妹、表兄弟姐妹、叔伯、祖父母一起回溯于同一个生命源头；其二，地球上存在令人眼花缭乱的各种生物形态，并且都巧妙地适应了各式各样的生存环境，而这一切都是基于一种基本过程，他们称之为"自然选择"。这一过程是根据一种非常简单的算法进行的。

时至今日，人们还一直在野外和实验室中不断研究，并对其进行验证。首先，达尔文和华莱士注意到在动植物种群中的个体特征具备一定程度的不同：有的矮，有的高；有的叶子比较绿，有的不太绿；有的新陈代谢快，有的则相对缓慢；等等。其次，在通常情况下，这些显著不同的特征对于生物体在特定环境下的生存或多或少都是有利的。例如，某种形状的叶子更适合在阳光充足、水分稀缺的沙漠中生存，而另一种形状的叶子则更适合在水分充足但阳光稀缺的雨林地面上生存。换言之，这些特征影响了地球上所有生命体从生物学角度看最为重要的两件大事：生存能力以及（更为关键的）繁殖能力。最后，由于一些特征代代相传，因此父母与子女的特征之间也相互关联。（达尔文不知其背后的原因，虽然大约同时期的孟德尔发现了其中的奥妙,但他的作品直到 1900 年才得到重视。)

如果我们把这三个要素——多样性、适应差异、遗传性结合起来,就可以得出一个推断:一般来说,生物个体越适应环境,就越有可能存活下来并繁殖出更多后代,从而在整个种群中传播它们的特征,直到环境发生变化,其他特征开始占优势。到这个时候,我们称之为"天演"的过程将按照新的方向继续发展下去。

但这与人性又有什么关系呢?达尔文的演化论沉重打击了基于**本质**特征来谈论人类的理论,如亚里士多德和斯多葛派学说(以及古代几乎所有人)的理论。爱比克泰德告诉我:"理性将我们同什么区别开来呢?同野兽区别开来。还有呢?同绵羊等家畜区别开来。"他这么说毫无疑问是正确的。人们同"野兽"和绵羊大相径庭。不过我们同其他灵长类动物(如大猩猩)也有很大区别吗?依据现代生物学观点,情况并非如此。经过测算,我们人类的基因组与黑猩猩的基因组之间的差异仅介于 4% ~ 5%。从演化的角度来看,这样的差异已经很大了,但我敢打赌,亚里士多德会惊讶于这个比率竟如此之小。此外,生物学家逐步发现一长串据称是人类特有的特性实际上并非我们所独有。我们不是唯一生活在合作社会群体中的动物,也不是唯一使用工具的动物。我们不是唯一具有复杂沟通能力的物种,也不是唯一展现我们所说的道德行为的物种(这些在倭黑猩猩和其他灵长类动物身上也能看到)。

即便如此,动物界中似乎只有我们使用语法结构复杂的语言,只有我们孕育的后代在出生时大脑就非常大，并在出生后很长一段时间内持续生长。我们的大脑半球极不对称，每个半球都具有特定的功能（其中很重要的一个功能便是我们左脑所负责的语言）。在哺乳动物中，我们的大脑占身体的比重高居榜首，另外我们也是唯一没有阴茎骨的猿类（或称猴科动物）。

看完以上这个（不完整的）列表，你会注意到大多数条目是基于数量，而非基于性质而定的。我们的大脑较大，较为不对称，我们的婴儿体形较大，出生后生长时间较长，诸如此类。也就是说，这些是我们和其他动物之间存在的不同程度的差异。其他条目似乎与亚里士多德和斯多葛派的观点毫不相关——好吧，我们没有阴茎骨，但这与我们的理性思维、哲学思考或美德几乎毫无关系。也许我们最与众不同的特征就是语言，因为语言与其他传递信号和交流的方式不同，尽管人们在语言的具体构成上意见还不统一。

虽然我反对基于生物学质疑人性，但这种反对并非取决于对人类本质不切实际的追求。相反，我的反对观点建立在接受现代生物学的发现并对其认真对待的基础之上。确实有研究表明，让不同种类的生物彼此相异的特征中，绝大多数（或者说全部）都是基于数量而得出的，这些特征具有多维连续性。但同样也有研究清楚地表明，与近似的不同种群相比，同一种群的复杂多细胞生物，尤其是脊椎动物的个体成员，具备更多相似的多维连续性特征，我们本身就是很好的例子。（当然也会有例外，因为每一个生物学家都会果断告诉你，生物学唯一的法则就是总能找到例外。）以上说法听起来很高深，其实就是说：你的言谈举止像智人中的一员。不过，不用生物学家来解释，你就能把自己和演化论意义上的"近亲"黑猩猩区别开来。只需了解这一点，我们便可以使对人性的讨论变得有意义：人类具有多个维度的鲜明特征，因此与关系很近的其他物种存在很大差异，而恰巧这些特征中很多都与我们所拥有的社会合作能力和强大的脑力有关。斯多葛派始终坚信人性的两个方面——**社交性和理性**，并将其作为他们"人类例外论"主张的基础。

关于人性的生物学探讨到此为止。然而近年来，在某些人文学科尤其是哲学中，这种"人类例外论"的思想并不吃香。反对意见来自两种推理，在我们重回爱比克泰德身边之前，必须对这两种推理大致检验一番。一些哲学家只是简单地搬出我们刚刚验证过的观点，认为达尔文给了本质主义致命一击。其他哲学家则反其道而行之，不依赖遗传学，而是从文化人类学角度探讨并得出结论，认为人类行为灵活多变；此外人类文化不论从空间还是时间上看都是五花八门，因此我们根本讨论不出一个统一的人性概念。

后一个论点有两个古怪之处。其一，如果人类文化确实**如此五花八门**，那这一特点本身在动物界便是独一无二的，可以用来将人类与其他物种区分开来——尽管这个观点多少有点自相矛盾。其二，这点比较严肃，即人类确实有不少共通的文化特征，这些特征不因文化的不同而不同，从而表明人类行为的可塑性是有限的。这些共通的文化特征包括使用日历（有目的地记录时间）、形成一种宇宙观（解释当下的世界以及世界的起源）、进行占卜、举办丧葬仪式、制定财产继承规则、开玩笑、举行成人礼、有灵魂或与之类似的概念、制作工具等（注意，这里所列项目与人类独有的特征列表不同，比如其他动物也可以制造某种工具）。

最后，好像不论生物多样性还是文化多样性，都无法有理有据地反驳古人眼中显而易见的观点：在地球数十亿年的演化过程中孕育出无数的物种，唯独我们人类是与众不同的，我们的独特性既有好的一面（我们惊人的文化与科技成就），也有不好的一面（破坏环境，还有我们强加于其他物种和自身的种种苦难）。有一点让我们十分感兴趣，具体来讲就是我们之所以如此与众不同，绝不是因为少了一根骨头这种小事。正相反，是我们的社会能力和精神能力让我们脱颖而出——这两种能力使我能够写出这本你正在读的书，并让你对此书产生兴趣。

与先前相比，我们现在能够较为准确地分析爱比克泰德对本章开头的问题所给出的回答了："人类是什么？一种理性动物，受制于死亡。我们马上会问，理性将我们同什么区别开来呢？同野兽区别开来。还有呢？同绵羊等家畜区别开来。"他继续向我解释："看，你的行为举止并不像绵羊，若非如此，你内在的人性便不复存在。你问，我们怎么会表现得像绵羊？若我们只求温饱、任性行事、胡作非为、卑贱下流、不顾他人，那不就成了绵羊吗？我们摧毁的是什么呢？是我们的理性。如果我们逞凶好斗、举止顽劣、动辄嗔怒、粗野鲁莽，我们不就成野兽了吗？"爱比克泰德断言具备运用理性的能力可以将人类与其他物种区别开来，因此他主张一种道德规范：我们不**应该**活得像野兽或绵羊，因为这样做否定了我们独特的人性——而人性，大概也是我们所拥有最宝贵（以及最自然）的东西了。也许你能明白为什么"顺应自然"和抱着一棵树无关了。

但是从哲学角度讲，我们此时遇到了另一个问题。爱比克泰德和他的斯多葛派同伴是否犯了一个基本的逻辑谬误——"诉诸自然"？换句话说，他们是不是认为某样东西之所以好是**因为**它自然，却不在意很多自然的东西实际上对自己也很有害？（我脑海中浮现了毒蘑菇。）在伦理学上长期存在一个诉诸自然的错误倾向，启蒙运动巨匠、苏格兰哲学家大卫·休谟（David Hume）将其用文字具体表达了出来。他观察到一种在他看来很古怪的行为：

> 在我迄今所接触的道德体系中，无一例外地注意到其建立者按照平常的推理方式推理了一段时间，确定了上帝的存在或对人事做一番议论；但令我吃惊的是，他们突然抛弃了引出命题常用的"是"与"不是"，而代之以"应"或"不应"。这一变化虽然难以察觉，但两者天差地别。因为"应"或"不应"代表着一种新的关系或肯定，是故必须加以解释说明；同时对于这种似乎完全不可思议的事情——这个新关系如何能由完全不同的另外一些关系推导出来——也应当给出理由加以说明。

这是一个经典的哲学桥段，休谟所指出的问题被形象地称为

"是与应的鸿沟"。一些人（那些强调"这一套东西不可信，这种新关系怎么可能由另一种关系推演出来"的人）说这种鸿沟无法填补。而其他人更谨慎地说，如果试图填补鸿沟，必须使这种尝试正当化（如"必须做出解释说明并给出理由"）。不论休谟的真实意思是什么，我都倾向于第二种做法。在我看来，伦理学必定来自某处，而自然主义的观点是最有理有据的方法。这也是所有古希腊 - 罗马哲学——尤其是斯多葛派——采用的方法。

在现代人关于道德根源的讨论中，大体上是以四种方式来看待这一问题的（哲学家称为"**元伦理学**"立场）。你可以从怀疑主义、理性主义、经验主义、直觉主义来看待这一问题。如果你在此问题上持怀疑主义，你基本上就认为伦理判断正确与否是不可知的。道德怀疑主义者经常声称，当人们说出诸如"谋杀是错的"此类的言论时，他们就犯了一种特殊的错误（名为范畴错误）：他们将互不相干的东西混在了一起——比如将事实陈述（谋杀已经发生）和价值判断（什么是错的）混在了一起。显然，怀疑主义者认为"是与应的鸿沟"无法填补，而实际上，事实与判断之间毫无关系。不用说，道德怀疑主义者在宴会上肯定很不受人待见。

理性主义在哲学上较为普遍，它主张通过思考一些东西来获得知识，反对观察或实验。尽管这加深了所谓"扶手椅上的哲学家"这一刻板印象，但是别笑得太早——逻辑学家和数学家一直依靠理性主义的方式创造新知识，所以真正的问题是：伦理学和数学或逻辑学是否一样？有些人认为一样，有些人则不以为然。

经验主义经常与理性主义对立，站在经验主义的立场上，我们得到最终知识的基础是经验事实——观察和实验。科学是经验主义中最重要的学科，因此靠实证得出伦理学知识是指尝试以科学为基础的方法填补"是与应之间的鸿沟"。

最后，我们还可以秉持直觉主义，这一主张认为伦理学知识无须通过任何推断便可获得——无须推理，亦无须观察。相反，伦理学知识是一种判断对错的强烈直觉，这种直觉深深根植于我们体内。这是怎么回事呢？嗯，举个例子，我曾提到其他灵长类动物表现出原始的道德行为，比如帮助那些似乎处于危险或是不幸中的非血亲同伴。倭黑猩猩没有表现出这种行为，想必是因为它们没读过讨论是非的哲学书吧。它们只凭借本能行动，而这种本能也许是自然选择为它们植入的。这种本能可以促进亲社会行为，所以对灵长类小群体的生存至关重要。因为我们和倭黑猩猩出自同一祖先，又因为我们的祖先也以小团体聚居，需要适应亲社会行为，那么认为我们确实具有一种道德本能，而且我们已经从古老的灵长类祖先身上继承了这一本能，也不算是异想天开了。

斯多葛派伦理学之所以有趣，是因为它并不适用于以上四个泾渭分明的类别。事实上，斯多葛派信条可以被看作是集**直觉主义、经验主义、理性主义**三者于一身。然而，斯多葛派信徒绝非怀疑主义者。他们自有一套"发展的"伦理关怀理论，认为我们幼年会在直觉（而非理性）的指导下生活，这些直觉不仅利己，而且有利于那些日常与我们互动的人——通常指父母、兄弟姐妹以及大家庭里或多或少的成员。从这个观点来看，我们实际上表现得像是纯粹的直觉主义者，因为我们的道德直觉植根于人类的天性。

我们逐渐到达理智的年龄（大概是 6~8 岁）时，我们就接受教育要扩大关怀的范围。我们从那时起便更清楚地了解到想法与行动之间的差别，更好地理解世界，理解我们在其中所处的位置。从此以后，我们通过自我反省和经验——同时运用理性主义和经验主义——增强（甚至会修正）自己的直觉。斯多葛派信徒认为，我们在心理上和智力上越是成熟，越是应该由凭借直觉转为运用（以经验为依据的）推理。在我俩谈话期间，爱比克泰德向我解释说，这便是"理性动物的天性，除非他能对所处的群体有所贡献，否则就无法从中受益。所以事实证明，做任何事都从自身利益出发并非不合群的表现"。借由这句话，让我们重回人类天性的话题：爱比克泰德向我们传达的意思是——人类最基本的特点是社会性，而所谓社会性，不仅仅指喜欢他人的陪伴，从更深层面上看，没有他人的帮助，我们将无法存在；言下之意就是，当我们为国家组织服务时，实际上（可能是间接地）就是在让自己获益。这种说法深刻地阐释了人性，并且与爱比克泰德死后 16 个世纪的发现不谋而合，即事实上人类演化成了一种具有社会性的灵长类动物，与我们演化树上的表亲具有相同的本能——具有适应性强，亲社会的本能。

但把斯多葛派关于这些问题的思想整合得最好的人或许是希罗克洛斯（Hierocles）——另一位生于公元 2 世纪的斯多葛派哲学家。他把这些内容收录在《伦理学要素》一书中，不幸的是，这本书只留下了部分残卷（我们对作者希罗克洛斯也了解甚少，只知道奥鲁斯·格利乌斯称他为"严肃而神圣的人"）。以下是希罗克洛斯的说法：

> 可以说，我们每一个人都被限定在许多圈子中……每个人都把自己的思想描述为中心，而第一个圈子，便是最接近于中心的那个圈子……第二个圈子，距离中心稍远一些，但也包含了第一个圈子，其中涵盖了父母、兄弟、妻子、孩子……在此之外的圈子包含我们日常接触的人，再往外的圈子包括同一个部族的人，再往外包括一个国家的同胞……但在最外围，最大的圈子包含着其中所有的圈子，囊括了全人类……人们需要严格自律，适应每一个群体（从某种意义上说就是圈子），同时又不偏离中心，在所有圈子中做到游刃有余。

身为斯多葛派信徒，希罗克洛斯有一种务实的倾向，他甚至提出要怎样做才能帮助我们内化不同圈子里和自己有关的人。例如，他建议自己的学生们称陌生人为"兄弟""姐妹"，倘若碰到更为年长的人，则称"叔叔""阿姨"，我们必须不断提醒自己，要像对待自家亲戚一样对待他人，正如理性给我们的忠告：我们都坐在同一条船上。

图 4-1 根据公元 2 世纪哲学家希罗克洛斯的观点，将斯多葛派世界主义的观点可视化为具有契约性的关注圈。该观点旨在训练我们像对待圈内人一样对待圈外人

即使在今天，许多文化中还有类似的习俗不约而同地证实了希罗克洛斯关于人类心理的洞见。

斯多葛学派完善了这一道德发展的理念，并将其称为 oikeiôsis，这个词通常被翻译为"了解"或"占用"别人的担忧，即将别人的担忧视为己有。由此，他们（以及比他们更早并对他们影响很大的犬儒学派）塑造并使用了一个迄今仍对我们现代语汇影响至深的词：**世界主义**（Cosmopolitanism），字面意思就是"做世界公民"。或者，正如苏格拉底（可以说他对希腊时期所有哲学流派都产生了深远影响）所说："当一个人问你是哪国人时，千万不要回答，'我是雅典人'，或'我是科林斯人'，你应该说'我是世界公民'。"

05　和苏格拉底一起踢球

物质的东西本身无关紧要，但如何处理它们至关重要。

——爱比克泰德，《论说集》2：5

我们在上一章谈到"依从自然去生活"时提到斯多葛派信徒总喜欢把他们的哲学思想总结得简明扼要。我认为这正是他们的可爱之处，原因如下。

首先，这强有力地表明他们不爱纸上谈兵，热爱付诸实践：他们的格言是为了让斯多葛派学生从中受益——帮他们取得进步。不像现代那些在汽车保险杠上贴贴纸、在T恤上印口号的人，总想表明自己属于某个团体，借此武装自己，打击那些异见人士。斯多葛派的名言常被实践者用作自我提醒、辅助日常冥想，或作为疑惑时的行动指南。换句话说，斯多葛派信徒并不一定要公开宣扬自己的观点（除非你是那种不得不做的人，比如老师）。马可·奥勒留把这一态度发挥到了极致——他的著作《沉思录》以日记的形式记录了他个人的反思，并没有打算公之于众。而在古代，这本书名为 *Ta Eis Heauton*，即《自言书》。

另外，我也很欣赏斯多葛派的格言警句，因为这些短小精悍的句子从表面上看往往自相矛盾，正着说反着说都行。一方面，这些格言警句长久以来给斯多葛派惹来了不少麻烦，因为斯多葛派学者必须不断向误解这些句子的人们解释他们学说的真正含义；另一方面，这也是一次教学机会：当被问到这些句子里"自相矛盾"的地方时，斯多葛派学者可以通过这次绝佳的机会将自身从保险杠小广告的水平至少提升到电梯演讲的水平，不论是面对面交谈还是借助社交媒体，这种方式似乎是现代人谈话所能做到的极致了。其中，"可取的无关紧要之物"（还有"不可取的无关紧要之物"）这句短语看上去最为矛盾，因为"无关紧要之物"几乎指的就是除去优秀品质（或者说美德）之外的一切事物。我们最好把斯多葛派信徒口中这句话的真正含义搞清楚。

一如往常，我一边和爱比克泰德散步，一边向他讨教这个问题。这次我们在罗马卡萨尔帕洛克地区散步，碰巧看到了一条以他的名字命名的街道。（我这位朋友向来十分谦逊，所以这让他大吃一惊。）像往常一样，爱比克泰德讲到了苏格拉底，斯多葛派学说深受他的影响。他说："（苏格拉底）就像一个正在打球类比赛的人。那么他打的是什么球？生活、监禁、流放、饮毒、妻离子散。这些便是他手中的球，但他仍然可以做到打球和弃球相平衡。因此，可以说我们应使出浑身解数投入到比赛当中，并时刻保持谨慎，但要把球本身看作无关紧要的东西。"

我来解释一下这个比喻，显然，这是把我们的生活比作一场球赛。我不确定爱比克泰德指的是哪种球，就当是希腊 - 罗马式足球吧。上述类比的要点在于：在整场比赛中，尽管足球是比赛的核心，也是大家注目的焦点，但是它其实无关紧要——这个球可以有不同的颜色、形状、质地、大小等，但它本身毫无价值。球仅仅是完成比赛的手段，无足轻重；球员怎么踢球才决定了这场比赛是否精彩、谁输谁赢等等。诚然，优秀的球员并不会太在意如何运球、传球或传球给谁这类问题。顶级球星是那些能展现出创造力（fantasia）的球员，他们能想象自己在赛场上该做些什么，也能找到新办法扭转局面，用马可·奥勒留的话来说就是"**化障碍为通途**"。此外，一名运动员是否受人尊敬，并不取决于他是否赢得了比赛，而在于他是否不计输赢、拼尽全力，毕竟，比赛结果也不在他的掌控之中。

苏格拉底也一样：命运将某些材料递给了他，包括他出生的时间和地点、公元前 5 世纪雅典的政治制度和政局等等。他运用这些材料努力追求好的生活，在伯罗奔尼撒战争中，他参军作战完成任务，此外还给同胞们教授哲学。当莫勒图斯在阿尼图斯和吕孔暗中支持之下指控苏格拉底"不虔敬"（也就是不敬城邦认可的神），他站在自己同胞们面前为自己辩论——尽管对他的指控明显是由于控告他的人在政治思想和个人感情上都对他积怨已深。

在苏格拉底被人民法庭判处死刑后，他原本有机会在朋友的帮助下轻易逃脱，因为他的朋友们很乐意为他贿赂狱卒（这一做法至今也很普遍）。但苏格拉底却将慷慨赴死视作对雅典尽责，因为这座城市给了他生命并哺育了他一生。柏拉图在《克力同》一书中写道，在面对忧心不已的朋友时，苏格拉底说他有道德义务去接受法律判决，即使法律被滥用也在所不辞。因为我们不能因为法律规则恰巧于我们不利便去更改它。所以他愿意就此饮下毒酒，永远离开自己的朋友、学生、妻子、孩子，只为保护他认为重要的事——正直。而其他的都"无关紧要"，这并不是说苏格拉底不在乎他的朋友和家人（或者，在这件事上还有生命），而是从更深层意义上说，他不愿为了拯救自己的皮囊而损害自身的美德，即使会让自己所爱的人遭受苦难也在所不惜。正如爱比克泰德在谈话中告诉我的："我怎么会知道将要发生什么呢？我要做的就是凭借勤奋和技巧，对现有的东西加以运用……你应该把握自己拥有的东西，并做到物尽其用。"

此外，美国的告密者爱德华·斯诺登也许可以成为一个现代的例子。众所周知，斯诺登曾供职于美国国家安全局（NSA）的承包商。2013年，他泄露了一系列机密文件，揭露了美国国家安全局公开使用的一套牵涉广泛、疑似非法的监视系统，由此引发了一场极有必要的争论：在开放的社会中，监视和民主价值观该如何平衡。可以预见的是，提到斯诺登往往会引发两极分化的反应，就像在苏格拉底时代提及苏格拉底一样：对一些人来说，他是个英雄；而对其他人来说，他则是叛徒。事实上他很可能被认为两者都是。先不论斯诺登的所作所为在道德上正确与否——这就类似于思考苏格拉底的教学和政治行为正确与否一样——我们理所当然会对斯诺登的行为是否道德怀有疑问，因为他在国外（许多地方，比如俄罗斯）寻求庇护，而不是直面美国政府以违反 1917 年颁布的《反间谍法案》对他提起的两项指控。老实说，我不知道答案。苏格拉底决定留下来，而斯诺登决定不回国，但即使你认为斯诺登本应该直面自己行为所产生的后果（无论正确与否），我们可能都会同意，很少有人能高尚如苏格拉底——这就是为什么斯多葛派将苏格拉底作为他们的榜样。

幸好，我们大多数人都不用面对苏格拉底和斯诺登陷入的道德困境。然而我们也有很多机会来决定怎样接好生活向我们扔过来的球，踢好自己的那场比赛。我来举几个例子。和爱比克泰德谈话后不久，我碰巧需要一些现金开销，我来到位于纽约住处拐角的当地支行，用自动取款机取了钱。然后我在路上就怔住了。你看，如果你与斯多葛派为伍，你很快会发现一切事物都有一个伦理的维度。在当时情况下，我突然想起我这张银行卡的开户行有不少臭名昭著的暗箱操作（比如去向不明的投资、未公开的金融工具等），都会波及自己的员工甚至整个社会。这意味着我可取的无关紧要之物——每次我需要钱的时候，就能方便地从账户里取钱——正和我的所作所为相抵触，因为我其实恰恰间接支持了我本来原则上反对的东西，唷。

经过反思，我走进那家支行注销了账户，并对一脸困惑的客服代表解释：我这样做，并非不满意他们的服务（其实服务十分到位），而是在如何用钱这一点上，我和银行有着不可调和的矛盾，他们用的毕竟是我的钱。之后我换了一家银行，做了些调查，尽管他们的投资行为在伦理上也不能说毫无瑕疵，但肯定比我刚舍弃的那家要好。我把理财业务交给他们做，感觉好多了。

与之类似，我在意大利长大，从小什么都吃，因为我的爷爷奶奶、外公外婆根本不理解何谓"素食主义"。到现在我都不太吃素，但我逐渐开始关注食物的来源和生产食物给动物带来的灾难，对环境的影响，以及消耗了多少劳动力。这个问题很复杂，没有简单的解决之道，并在可取和不可取的无关紧要之物之间造成了很多冲突。例如，和标准的素食主义论点正相反，假如你吃素，将有无数的动物受苦甚至死亡，因为大规模种植人类食用的农作物会大大改变地球的环境，剥夺野生动物的生存空间。如果你认为吃本地食品和有机食品有利于可持续发展，只需查阅一点相关文献或粗粗估算一下，眼前的结果就会让你大跌眼镜。即使是以身作则的新闻工作者，如写出畅销书《杂食者的两难》的迈克尔·波伦也赞同：仅仅靠那些绿色食品专营店里随手可得的食品，是养活不了几十亿人口的。但反过来说，认为我们想吃什么就能吃什么，而对因此造成的苦难和生态破坏置之不理，也太过于不近人情。

可能正因为陷入了这种两难，不少斯多葛派信徒才选择了素食。以塞涅卡为例，他写道："我受到（素食主义）思想的感染，开始戒掉动物食品；一年下来，保持这种习惯便很轻松且令人愉悦了。我觉得自己的思维更加活跃了。"塞涅卡最终放弃了素食主义，因为他不想与某个政治派别有关系——这个派别也提倡吃素。塞涅卡是个投机分子，还是在道德上软弱屈服了？应该不是。我们不知个中详情，但他可能经过了深思熟虑，觉得跟那个特定的政治派别划清界限比吃素更有利于世界（对他而言是更有利于罗马社会）。吃素本身不能说明你品德高尚，但如果没有其他更重要的考量，它不失为一件好事。一个智者，应当在复杂的形势下找到方向，而不是眼见善恶难断就随波逐流。

爱比克泰德的恩师鲁福斯，是一位以务实闻名的斯多葛派。他会给自己的学生提建议，巨细靡遗，面面俱到，从社会大事（例如男女教育平等）到琐碎生活，比如：如何（用结实材料）布置房子，如何剪头发（只剪掉没用的部分），等等。他对饮食也颇有见解，他提出："尽管许多种能带来快乐的事物都会引诱人们作恶，或迫使他们做损人不利己的事情，但不论何种形式的快乐，都难以胜过口腹之乐。"随后还补充道："要想获得美食带来的短暂欢愉，就必须将数不清的异国珍馐从远方运过来。厨师的收入更是远高于农民。有些人把全部财产浪费在筹备宴会上，但是吃这些山珍海味并不会让他们身强体壮……说到食物，负责任的人会偏爱常见食物，而不是难得的食材；喜爱不会带来麻烦的食物，而不是会引起麻烦的食物；偏爱现成的食物，而非需要料理的食物。"

这一点正中我下怀。上面的例子极好地反映出斯多葛派如何看待生活中可取的无关紧要之物。我说过，我在罗马长大，如今在纽约生活。事实上，我是在单位休假期间写这本书的，我把假期安排在罗马这座不朽之城度过，一方面想要每天到斗兽场、广场等景点散散步，得到一些启发；而另一方面又想同家人享受天伦之乐——还有，没错，想吃吃地道的家乡菜！我和我的另一半也托"大苹果"纽约之福，在这里的许多高档餐厅大饱了几次口福。这些餐厅里的厨师肯定比农民待遇要好得多，数不清的异国珍馐也是跨越重洋才运抵纽约。似乎我现在可选的食物十分有限，有些甚至难以入口：要么我应该坦率地承认，从我谈论的斯多葛派理论来看，我其实是一个享乐主义者（伊壁鸠鲁学派在现代的俗称），因此是一个虚伪的人；要么我就该出于言行一致放弃佳肴，从而放弃眼前可得的美食之乐，过一种别人眼中了无生趣的生活。但如果你研究哲学，首先学到的一点就是在所有鸡毛蒜皮的琐事上很少会出现尖锐的、非此即彼的情况。事实上，我在学校教非形式逻辑时，我就提醒过学生，通常如果有人只给你们两个选项，强迫你们二选一，那么这个人可能就犯了所谓的"错误二分法"谬误——他没有告诉你们还有其他选项（当然，在某些情况下你只有两种选择，而且人们普遍都会觉得，面对狭隘的选择并没有逻辑错误）。例如，回到我眼下的例子，我其实可以在罗马找到由当地厨师用当季食材做出的既价廉物美又健康的食物——这就满足了墨索尼亚斯[1]的要求。当然在纽

---

[1] 著名斯多葛派学者。

约也能找到这样的食物，但在那里人们会选择在昂贵（或许是天价）的菜肴上大肆挥霍，并美其名曰："获得美食体验。"而在这一点上，我决定让自己有所克制，跟他们划清界限。我告诉我的伴侣和挚友，如果给我选择，我宁可不去那种地方——比如说"麦迪逊公园11号"餐厅[1]。当然，大部分时间我都可以不去。但世事难料：假如我的一位挚友或同伴告诉我，他这辈子真的很想去"麦迪逊公园11号"体验一把——比如说，去庆祝非常特别的日子——而且如果我不去他会很失望，我还是会考虑去一趟的。我认为这并不虚伪，也不是要追求合理化。这样做权衡了不同伦理标准的需求，支持了一种我不赞成的做法，如果不这样就会让我爱的人失望。（注意：此处我所说的"伦理"，用的是古希腊-罗马人的说法，含义比现代宽泛得多。）更合理的做法是：斯多葛信徒总是尽力用理性去解决日常事务——妥协——是的，我们这次会去，但我们会用另一种方式来弥补，比如在年底铆足劲去光顾食材地道又环保，还不花费大量劳力的自助餐馆。身处那种庆祝之夜，我会感到不自在吗？也许吧，但是正如皇帝马可·奥勒留所说（他并不是在开玩笑或挖苦你）——"如果（你）必须住在宫殿里，（你）也可以在里面好好生活。"

但一般来说，斯多葛派伦理不仅规范了我们的所作所为——我们的行为——而且更广泛地规范了我们如何凭借品格来指引现实

---

[1] 一家位于纽约的米其林三星级餐厅。

生活。我们生活的社会环境太过复杂，以至于我们无法总是做对的事，我们甚至不能做到经常把事情做对，从而自信满满地**知道**应从哪一件对的事开始做。从不同角度看待问题的原则，在大多数情况下会对我们提出不同的要求，因此我们需要一个伦理维度（动物苦难、环境破坏、服务员的待遇）。另一些要求则更加实际。（我要吃饭，而我的食物从哪儿来？我要存钱，而我选择哪家银行？）斯多葛派为了使人们力所能及地解决好由此导致的冲突，从而发明了一些工具，这些工具不必完美，也不必提供具体的答案："（爱比克泰德说）愚蠢的人才会相信世界黑白分明、正邪相对，一眼便能分辨善人恶人。这并非我们所生活的世界，假装生活在那种世界中是十分危险且愚不可及的。"

即便如此，我们再回到斯多葛派"无关紧要之物"的理念以及他们对于"可取""不可取"的划分，我会把斯多葛派学说与其他两个重要的希腊思想流派进行对比——亚里士多德学说（Aristotelianism）和犬儒主义（Cynicis）。后者与现代人所说的"犬儒"其实南辕北辙，它的含义变化比斯多葛派和伊壁鸠鲁学说更大（我在这里用首字母大写表示哲学流派，小写表示其他含义）。

亚里士多德是柏拉图的学生（所以也算苏格拉底的徒孙），他的哲学极为实用且带有精英主义色彩。在他的美德伦理学思想中，幸福的生活是通过对美德的追求而实现的，但我们也需要很多其他无法控制的东西：健康、财富、教育，甚至是美貌。

与之形成对应的是安提西尼的思想。安提西尼是犬儒主义的开山鼻祖，也是苏格拉底的学生。他和他更为著名的继承者——锡诺普的第欧根尼（Diogenēs）都走了极端：对他们来说，除了美德，没有一样东西是幸福生活所必需的。我们可能健康，可能患病，可能富贵，可能贫穷，可能满腹经纶，可能不学无术，可能相貌堂堂，可能面目可憎——但这些统统无足轻重。事实上，他们甚至认为世俗财产极大地阻碍了美德的发展——让我们执着于无关紧要的事物，因此没有这些财产，会让我们活得更好。

第欧根尼认真贯彻了自己倡导的思想。他的生活方式带有明显的苦行风格，他在雅典街头公然睡在木桶里，当众便溺、性交（因此"犬儒"一词本义是"像狗一样"），他很少出于生存和舒适携带多余的物品。关于第欧根尼有很多精彩的故事，有个故事是这样的：一天，他感到口干舌燥，拿出一只碗朝水源走去。接着他看见一个男孩正在用手掬水喝。第欧根尼厌恶地扔掉了他的碗，喃喃自语，就算一个孩子都比他有智慧。还有一次，亚历山大大帝听说了这位著名的哲学家，前来登门拜访（我估计应该是来到了他的木桶前）。亚历山大礼贤下士（也许他自认如此）地问第欧根尼："我这个世界上最有权力的人，能为您这位哲学家做什么？"后者抬起头说："你可以让开一点，别挡着我晒太阳。"这应该可以说明为什么犬儒主义既受敬仰，又遭鄙夷。

眼下的问题是：一方面，亚里士多德告诫我们幸福只能为少部分幸运儿所获得，他们要满足一系列的前提条件，而其中自己能掌控的因素寥寥无几；另一方面，犬儒主义不仅反对亚里士多德列出的必要前提，还声称它们**阻碍**了美好生活。斯多葛派填充了这两者间的逻辑空隙：健康、财富、教育、美貌（相较于其他东西）是可取的无关紧要之物，而这些东西的对立面（很多其他的东西）则是不可取的无关紧要之物。我认为这真是天才之举。斯多葛派把幸福生活变成了人人都能实现的目标，无关社会地位、财富资源、身体健康或容貌美丑。尽管所有这些品质都与你追求美德生活（做一个有道德价值的人）的能力无关——它们还是可取的（随便哪个正常人都会毫不犹豫对你这么说），只要不妨碍你实践美德即可。塞涅卡很好地总结了可取的体验和不可取的体验之间明显的差别："快乐和痛苦截然不同，如果叫我选择，我会选前者，规避后者。快乐顺应自然，痛苦违背自然。只要依据这个标准来评价，两者就会变得泾渭分明，而一旦谈到美德，无论通过快乐或通过悲伤来达成，都没有分别。"换句话说，只要确保你的正直不遭折损，尽管勇往直前，规避痛苦，体验生命中的快乐吧。**宁以高贵的姿态承受痛苦，也不要以羞耻的方式寻求快乐。**

我们可以通过经济学理论用非常现代的说法来理解这个观点。经济学家发明了"字典序偏好"这个概念，他们认为：人们在获取无共同价值衡量尺度的商品（无法以价值进行比较的商品）时往往会运用与字典中单词排列相类似的方法将商品进行排序，这类情况就称为字典序偏好。例如，我们想要给5件商品估价，其中商品1和2属于A类，商品3、4、5属于B类。同属一类的商品1、2，以及3、4、5之间可以进行比较和对比，但是任何 A 类商品都无法与 B 类商品相比较，并且所有 A 类商品的排序均优先于 B 类商品。最终我们得出结论：同一类别中的商品可以进行交易，不同类别的商品无法交易。在这个观点中，对美德的追求属于 A 类，而可取的无关紧要之物属于 B 类。你大可将 B 类中的事物两两交换，比如用金钱换教育，用大好前程换家庭生活，等等。但对于斯多葛派信徒来说，他们无法在属于 A、B 两个不同种类的事物之间进行取舍；但若要以牺牲美德为代价，那一切都**免谈**。顺带一提，这代表有些商品是与众不同的——比如美德和健康——对于这样的商品，标准经济学理论无法适用。

这听起来有些奇怪，但如果略加思考，你就会发现很多时候我们已经在用字典索引的方式做出选择了。比如，也许你会觉得，去加勒比海一个度假胜地旅游这个主意还不错。因为"度假"和"花钱"从字典排序看属于同一层面，所以我们愿意付出辛苦赚到的钱来实现度假这一目标。但我能够肯定你不管出于什么目的都不会卖掉自己的女儿，至少肯定不会为了度假这么做。这是因为你的女儿属于更高的字典排序层面，假期无法与她相提并论，虽然假期和女儿一样既令人开心又不可或缺。

斯多葛学派提出的这一概念，无论用哲学还是经济学术语表达都极具说服力。如果你听从亚里士多德（坦白来讲他的学说很多都算常识），那你就该跻身于幸运的少数精英，否则你的生活将不可能称心如意。这种人的观点，使得多数人长久以来都被定义成"失败者"，对他们追求物质的行为加以谴责，因为他们误以为得到物质，就能得到幸福和价值。心理学家称这种现象为"快乐水车"：你不断踏步奔走，却到不了任何地方。相比之下，犬儒学派认为，人们都能过上美好生活，但我们很少有人会像第欧根尼一样住在木桶里，随地便溺。斯多葛派则选择了折中的方案，他们将美德和可取的无关紧要之物看成不同序列上的东西，按照先后次序将两者区分开来，认为两者不能以同一价值尺度衡量。这样就很巧妙地解决了问题，取了两派哲学的精华。

06　善的本质：是神还是原子

那么，神的本质是什么？是肉体吗？当然不是。是土地吗？当然不是。是名声吗？当然不是。神的本质是智慧，是知识，是正确的理性。因而，我们应从这里并只从这里寻求善的本质。

——爱比克泰德，《论说集》2：8

- -

　　我跟好友爱比克泰德在某个问题上确实分歧很大，但斯多葛派最宝贵的特质便是：**我们可以在一个基本问题上各执己见，但依然能在如何生活这件事上心照不宣。**正因为具备这种特质，所以无论人们是否信教，都可以成为斯多葛派信徒。这些人摒弃了形而上学上的分歧，怀着对美德的共识相聚一堂。

　　当我询问爱比克泰德对于神的看法时，他答道："是谁让剑与鞘两两相适？难道无人为之？毫无疑问，这些成品的结构通常会让我们联想到某个工匠的作品，而非随意打造。我们是否可以说，每个产品背后都有制造它的工匠，而可见的事物、幻想和光却是例外？难道男人和女人、对婚姻结合的渴望以及行夫妻之实来适应婚姻的勇气——都是随意产生的吗？"这是一个著名的早期例证（因为写于公元 2 世纪），也就是所谓的"设计论"（design），这种理论支持造物主的存在。此后许多著名的基督教神学家，如托马斯·阿奎纳等人均使用了类似的例证。其中最著名的也许是 19 世纪的自然神学家威廉·佩利（William Paley）的构想。他提出的这一构想比达尔文《物种起源》早了几十年：

> 我在荒野中行走，假设我踢到一块石头，有人问我这石头是怎么来的，我可能会这样回答：竭尽我之所知，我只能说这块石头一直在这儿，因为其他任何答案都会听起来很荒谬。但若我在地上看到一块手表，有人问我手表是怎么来的，我应该不会给出先前那个答案——据我所知，手表应该一直在那里……我会说在某时某地，一定有一位或许多位能工巧匠将其（手表）制作出来，而手表本身就很好地回答了它被制作的目的，工匠理解表的构造，设计表的用途……每一种存在于这块手表中的发明迹象及其设计的表现形式，都存在于自然的造物中，唯一差异便是它的机制比手表更为精深复杂、深不可测。

这一论点乍听起来掷地有声，而且当大多数信徒被问到为何会有宗教信仰时，第一反应便是搬出这一观点作为回应。可以料想，这也是无神论者经常集中火力攻击的论点。我并不是要说服读者信奉有神论或无神论，因为本书谈论的不是护教学，更不是无神论。然而，如果我做不到像与爱比克泰德友好交谈时那样发表自己的观点，那从理智上说我便是个虚伪小人。倾听别人的观点，从中学习、思考，然后约对方出去喝一杯，做一番深入交流是优秀的哲学家——或概而言之，所有通情达理的人——都应该做到的。

经过深思熟虑之后，我认为爱比克泰德（以及阿奎纳和佩利）的观点长久以来都是十分合理的。直到大约18、19世纪，两位伟人（一位哲学家、一位科学家）分别向设计论挥去了重重一拳。这两拳并没有将设计论直接打趴下（这种情况在哲学上很少发生）。但是我认为，尽管一些神学家、哲学家乃至一些科学家仍极力为设计论辩护，但这一观点已经很大程度上失去了它的吸引力。

设计论受到的第一次巨大冲击来自大卫·休谟。他写道："如果看到一栋房子……我们必定会认为它出自建筑师或建筑工人之手，因为我们经历的一类结果必然能推出导致这类结果的原因。但你肯定不会认为宇宙和房子的相似性能让我们确信两者源于类似的原因，除非进行类比的两者是绝对、完全一致的。"休谟的观点虽然隐晦却至关重要：他其实就是在讲类比论证——设计论就是一种类比论证——众所周知，它错漏百出，因为类比常常是不完美的，在某些情况下甚至会将人引入歧途。

更确切地说，休谟承认如果我们看到一个人造物，就可以公正地推断出人类制造者的存在，但这仅仅是因为我们确实看到过，或掌握了其他无可辩驳的证据可证明人类会造东西。然而，谈到宇宙，我们从未见过宇宙被创造出来，也没有任何有关宇宙创造者存在的知识——这正是争论的焦点所在：宇宙是如何产生的？此外，如果一个创造者确实存在，我们亦无从知晓它是什么样子的。因此，休谟继续带着一丝戏谑（在他写作的时代，这种做法很危险）写了下去。他写道，如果我们认真地将人类和宇宙的设计师进行类比，我们定会得出，后者具有以下几种特性——宇宙设计师有很多，他们也会犯错，并且他们终有一死——所有这些推测都同基督教神学对神的描述相差甚远。

尽管休谟的论点有力地驳斥了设计论——这种理论依然会在当下的哲学导论课上被拿来探讨——但是他的理论缺少了很重要的一块：给这个怎么看都像是设计好的世界一个全新的解释，尤其是生物界，急需一个新的解释。而此后不到百年，伟大的生物学家查尔斯·达尔文便把这个漏洞给补上了，他的"自然选择"演化论直至现在依然为世人接受，认为这一理论科学地解释了为什么眼、手、心、肺就像是手表和剑，尽管依然是自然界的产物，但实际上并不需要设计。此外，达尔文将生物外形的由来含糊地解释为由世界上的苦难所导致，这一说法引起了巨大争议。正如他在一封著名的信中所说："我承认，尽管我希望自己能看到，但和其他人一样，我看不到我们身上任何地方有设计以及神恩留下的痕迹。在我看来，世上有太多苦难。我无法说服自己相信一个仁慈而全能的神会特意造出姬蜂这种生物——它刻意要在活着的毛虫体内进食；或特意让猫玩弄老鼠。由于我不相信这些，所以我认为也没必要相信眼睛是被刻意设计出来的。"

当然，爱比克泰德没有读过休谟或达尔文的作品，所以我特地只把最后一段给他看，而他的回答很有斯多葛派的特点。记得有一天，他的一名学生伤了腿，然后怨天尤人，说："我以后就要变成瘸子了吗？"他告诉我他当时的回答，可以说十分就事论事："奴隶，你要为了一条瘸腿控诉全宇宙吗？"（爱比克泰德也经常叫我"奴隶"或"小子"，尽管有些政治不正确，我倒是觉得这叫法既讨人喜欢也无从反驳——他自己就是个奴隶，而我也确实比他年轻多了！）

既然这是斯多葛派形而上学理论中的一个重点，便值得仔细地多推敲一下。虽然爱比克泰德可说是历史上最虔敬的斯多葛派信徒了，但是他肯定不会觉得神应该为人类的种种杂事烦心（更别说为姬蜂科的昆虫了——就算神知道它们，也不会去操那份心的）。这一点从他的调侃中展露无遗——他讽刺某人厚颜无耻、装腔作势，妄想整个宇宙都应该为了让他的腿不再疼而重新安排。更重要的是，许多斯多葛派信徒并不相信任何类似当代一神论中神的概念。他们更喜欢用"逻各斯"这个词，它可以解释为"神的道说"（正像继承诸多斯多葛派思想的基督徒所理解的那样），或者可以看成一种存在于宇宙空间里的天道。更简单地说，这是一种相当直观的看法，即无论宇宙如何形成，它都能有理性的解释。爱比克泰德本人明确告诉自己的学生，他不认为神是某种外在事物，某种"局外"之物："你是神自身的一项主要工作，是他的一部分，你的内在存有神的一部分……不论你去哪儿，神都如影随形。但是可怜的人啊，你对此一无所知。你觉得我说的是那些外界的金神、银神吗？"从这个意义上讲，斯多葛派信徒可以被认为相信泛神论（或者说是万有神在论），也就是说，他们认为神是宇宙本身，因此我们都具有神性。而人与动物的唯一区别就是，我们可以拥有神（宇宙）的最高属性——理性。这就解释了为何运用理性解决问题才是正确的生活方式。

将神与自然万物等同的观点由来已久，但 17 世纪影响很大的荷兰哲学家巴鲁赫·斯宾诺莎将这种理论发扬光大。该理论有时被称为"爱因斯坦的神"，因为著名物理学家爱因斯坦也表达过类似的论调。关于这个神的概念有两个要点：第一，神并不创造奇迹，他也不会中止自然法则，到处干预，指正错误。第二，相应地，这个神和简单承认（像斯多葛派那样）宇宙依照因果律运作没有什么实质区别；这个非常现代的概念，完全符合我们所理解的"科学世界观"。因此，我们同样可以从两个方向出发，解释爱比克泰德给伤了腿的学生略带轻率的回答：他要么在说神只将精力放在宇宙整体的运作之上，并不会关心每一个特定细节，因此抱怨个人的问题属于自以为是；要么在说伤残本身是由一系列因果关系所导致，而结果到来时自然不会考虑学生的健康，因此抗议结果不过是徒劳。无论从哪个角度看，要求更改既定之事，无异于为了一条瘸腿装作要去控诉整个宇宙。此外，这样的申诉更是公然违反了**控制二分法**的原则，而我们已经看到这一原则是爱比克泰德教学的基础。

爱比克泰德回答，他知道关于神的不同观点，但他坚持自己只能理解其中之一：

关于神，众说纷纭。有些人说神不存在；有些人说神是存在的，但神无所作为，冷漠无情，不考虑任何事情；还有人认为神确实存在，但是只考虑大事、要事和天上之事，地上之事不在其考量之中；第四种说法是神也会考虑地上与人间之事，但是他关注整体而非个体；还有第五种说法来自奥德修斯和苏格拉底，他们说过："无论我去往何处，你们都看着我。"因为如果诸神不存在，那追随诸神怎么会成为人类的终极目标呢？而如果诸神存在，但是对万事万物毫不关心，在这种情况下，跟随他们又有什么好处呢？

尽管我极欣赏这一说法，我依然提醒他，斯多葛派学说其实并不认为人类的最终目标是追随诸神。那只是他个人的看法。正如我们之前所看到的，斯多葛派信徒——包括爱比克泰德的说法，是我们应该在追随**自然**的同时过自己的生活，只有在我们搞清楚自然与诸神之间关系的情况下（爱比克泰德从未做到这一点），才能合理认为追随自然即追随诸神。其实，在这一点上，斯多葛派内部和不同学派之间——如伊壁鸠鲁学派等——都存在分歧。伊壁鸠鲁的追随者常常被描述成"无神论者"，但他们绝非如此。他们是我们今天所说的自然神论者，归在爱比克泰德列举的第三类中：根据他们的说法，神确实是存在的，但神沉浸在对神圣事物的冥想中，完全不关注地上和人间俗事。对伊壁鸠鲁派而言，这个世界源自原子之间的随机碰撞，而尽管人类有运用理性的能力，他们做出的决定与行动却依旧受物质力量左右，而非神圣的天意。

一些斯多葛派信徒认为，这种观点有一定的可信度，另一些则更进一步，赞赏伊壁鸠鲁派的某些思想，认为哲学并非宗教，哲学不立神圣的文字，不遵循不容置疑的信条——这一观点无疑是正确的。恰恰相反，正如塞涅卡所说："我所拥有的即是真实的。"这意味着，无论真理来自朋友或是敌人，理性的人都能把它化为己用。

对于如何看待神一事，能与爱比克泰德所见略同，而且更开明的斯多葛派，莫过于哲学家皇帝马可·奥勒留。马可信神，这是显而易见的。一方面，我们可以从他对神泛泛而谈的一些文字中看出：他对神并不仅仅是信仰，而且是更广泛意义上的虔敬。例如，他写道："感谢诸神，赐予我好祖父、好父母、好姐妹、好老师、好伴侣、好亲友……我所拥有的几乎都是好的。"此外，他在另一些地方对神则谈得很详细："因为你可能随时会从这个世上离开，所以你要管理好自己的每一个行为、每一个念头。但如果当真有神存在，那离开人世并不可怕，因为神不会让你成为恶鬼；但如果他们根本不存在，或者他们并不关心人事，那我生活在一个没有神或没有神意的世界又有何意义？不过神确实存在，也关心人类事务，并赋予人类力量，让他们不至堕入邪恶。"

不过，马可在《沉思录》中反复明确地强调，无论是（任何形式的）神还是（伊壁鸠鲁派所说的）混沌支配着世界，都没什么大不了。这表明相较于爱比克泰德，马可对于形而上学问题没有给出明确的答案。从下面的话中，你应该可以体会一二："你已扬帆启航，漂洋过海，抵达岸边，那就上岸吧。若有来生，那便不需要神了，即使在那一段生命中也不需要。但若将来进入的是一个无知无觉的境地，那你也不会被痛苦和欢愉所支配。"或者体会一下这段话："要么是注定的必然或不可抗拒的定数，要么是神意，要么是无目的、无方向的混乱。若一切皆是无从抗拒的必然，何必顽抗？若一切皆是可供取悦的神意，就让你配得上神的助佑吧。若一切群龙无首、混乱不堪，满足吧，身处乱世的你怀拥着君临天下的智慧。"再难找到比这更全面的说法了！

我们的讨论到现在，你可能会对我选择爱比克泰德作为此次斯多葛主义探险之旅的同伴感到困惑不解——爱比克泰德一直在谈论神，与我的怀疑论观点截然相反。尽管斯多葛派对神的态度比较暧昧，你确实也有理由问：为什么不信教的人会对这派学说感兴趣？而对于这个问题的答案，在我看来可以一针见血地指出为什么斯多葛派能在 21 世纪大放异彩。

在新无神论成气候之前，我就已经是个强硬的无神论者了。住在田纳西州时，我坚信那些相信神创论的人和等着罗马世俗教育来启蒙的乡巴佬相比好不了多少。我和一批相信地球只有几千年历史的人进行了辩论。但我真的错了。不是错在地球的年龄——这一点上我确信科学理论完胜他们的宗教信条——而是错在辩论的意义上。我是在和杜安·吉什（Duane Gish）[1] 进行一次辩论之后萌生

---

[1] 美国著名生物化学家，古生物学领域的权威。

这个想法的。当时他是创造研究所（坦白说，该机构并不研究怎么创造）的副所长。记得当晚我甩出了几个很好的论点驳斥（或是我自认为驳斥）了吉什，有些扬扬自得。但是辩论后，他的支持者彬彬有礼地走到我身边，对我说："那个，尽管我依然不相信你是对的，《圣经》是错的，但我很欣赏你今晚在和吉什博士的辩论中展现的友善和得体。"给他们留下印象的不是我精妙的科学论点，而仅仅是我不像他们预料中那么咄咄逼人，举止较为得体而已。这一点，在我与众多信徒的接触中无数次得到证实，他们中不仅有信基督教的，也有信其他宗教的。此外，我还了解到多数时候，我和他们在处理日常事务上几乎没什么差别。我和那些信仰主流宗教的人士（并非原教旨主义信徒），在事关伦理和政治的大事上，绝大多数时候观点并没有天差地别——尽管我的观点出自无神论，而他们的源于信仰。用哲学术语来说，似乎在"生活中什么最重要"，或是"我们应当怎样对待他人"这类问题上，以及在形而上学问题上的不同立场，并没有让我们意见相左。如果真是这样，我为何要远离那些怀揣信仰的谈话者，加入新无神论的阵营之中呢？毕竟他们和那些原教旨主义者一样排外，对于吸纳什么成员十分苛刻。而这些又与斯多葛派学说有什么关系呢？斯多葛派学说从一开始就吸引我的地方，正是可能会被其他人看作弱点的地方——鉴于斯多葛派在解释逻各斯时含糊其词，斯多葛派信徒确实可以建立一个很大的阵营，既欢迎无神论者，也欢迎不可知论者；既欢迎泛神论者，也欢迎超泛神论者，只要这些人不把自己的形而上学观点强加给其他人即可。你是基督徒还是穆斯林，或者犹太教徒？没关系，你可以把逻各斯视作创造宇宙的人格神的核心属性。你信仰的形而上学观点，更倾向于认为神无处不在，即神是自然本身？那么你将会对许多早期的斯多葛派学者以及他们关于宇宙理性原则的概念备感亲切。或者，你是一个不可知论者、无神论者？若是如此，逻各斯代表宇宙确实是依照理性来运作，就是一种无可争辩的事实，尽管我们还不知道这样的运作如何产生，是被设计好的还是纯粹来自因果律。如果并非如此，则逻辑、数学、科学本身就无从谈起，而你一定是相信这些的，对吧？

请注意，这并非思维懒惰的结论，也不是将彼此矛盾的立场搅和到一起，煮出一锅政治正确、观点暧昧的大杂烩，而仅仅是认识到：想要过好这一生，什么才是最重要的，这一目标——古人所追求的幸福——很少取决于神存在与否，以及如果神存在的话，应该有或没有什么样的属性。另外，正如西塞罗那句充满智慧的箴言所说："哲学中有许多问题至今没有令人满意的答案。然而，神的本质又当数其中最神秘、最难解的一个……在这一问题上，就算那些最为博学的人也众说纷纭、莫衷一是。这反倒证实了一句至理名言——**哲学源于无知**。"这话在两千年前的确是对的，尽管你可能这会儿才头一次听说，但它放在今天依然真实不虚。那么，我们何不求同存异，一起探寻"过好一生"这件大事的答案呢？

第二部
行动原则：如何处世

07　以品格与美德为准则

人们啊，要留心一件事：若要出卖自己的意愿，你会开个什么价，若非万不得已，可别贱卖了。

——爱比克泰德，《论说集》1：2

　　不久前的一天夜里，爱比克泰德跟我讲了一件他最中意的小事——他通常会用这个例子引出更广泛意义上的哲学观点。故事的主人公名叫赫维丢斯·普利斯库斯，是一位罗马政治家（他也信奉斯多葛派哲学），他拥有异乎常人的旺盛精力，也拥有出奇的好运气，虽然依然难逃一死。他历经几任皇帝的统治，从尼禄到加尔巴，再到奥托，还有维特里乌斯，最后是韦斯巴芗。按我们的朋友兼向导的说法："韦斯巴芗不准普利斯库斯进入元老院，后者回应道：'你可以罢免我的议员身份，不过只要我在职一天，我就必须进去。''行吧，进来吧，'皇帝说道，'但你必须保持沉默。''别询问我的意见，我就不说话。''我肯定会询问你意见的。''那我也

肯定会说心中认为正确的话。'但如果你说了，我会杀了你。''我什么时候说过自己是不死之身了？你做你的事，我也做我的事。杀我是你的事，而安然赴死是我的事；驱逐我是你的事，无怨无悔地接受放逐是我的事。'你会问，普利斯库斯这么卓尔不群，有什么好处吗？紫色染料对衣服有什么好处？好处就是，紫色能体现高贵[1]，能让着衣者脱颖而出，成为典范。"

　　可想而知，韦斯巴芗并不是说说而已，普利斯库斯被逐出罗马（这是他人生中第二次遭到驱逐），不久之后他就被皇帝派人杀死了。爱比克泰德带着反问语气提出的"普利斯库斯这么卓尔不群，有什么好处吗？"这个问题，答案显而易见，却难以言明。显然在这个例子中，这位元老院议员并没有得到任何好处。他虔诚效忠于共和政体，拒绝承认当时的皇帝韦斯巴芗，但共和政体在当时早已被废除。而普利斯库斯的死也连累了其他人：他的妻子范妮委托塞涅卡（斯多葛学派的一员，反对后来弗拉维王朝的皇帝图密善）为她被杀害的丈夫写一首颂词，而这也导致塞涅卡被杀。但是在爱比克泰德口中，这些人的勇气和荣耀"体现了高贵，使他们脱颖而出，成为典范"还是很有道理的。这就是我们在普利斯库斯牺牲两千年后依然对他这样的人心存敬畏的原因。

　　现代的"爱比克泰德"可以给哲学系学生们讲许多后来的甚至当代的故事，虽然每个故事主人公的姓名和具体细节都大不相同，

---

[1]　古希腊 - 罗马时期的国王、皇帝等会穿紫色衣服以示高贵。

但也为我们提供了许多事例，很好地说明了自罗马时代以来人性并没有什么改变，既没变好，也没变坏。马拉拉·优素福·扎伊就是一个典范。她的故事很多人都知道，但依然值得我们回顾一下。马拉拉自11岁起便在英国广播公司（BBC）网站上匿名写博客，揭露塔利班在巴基斯坦斯特河谷地区（马拉拉的家族在当地开了许多学校）倒行逆施、禁止女性接受教育的残暴行为。后来马拉拉出演了《纽约时报》的纪录片，这件事一方面让她声名大振，另一方面使她成为塔利班的袭击目标。2012年10月9日，一个懦夫登上了马拉拉乘坐的校车，喊着她的名字找到了她，随后朝她开了三枪。但神奇的是，马拉拉竟然死里逃生，最终痊愈。

单单这次经历，就足以让马拉拉跟普利斯库斯，还有几个世纪以来不同文化背景中许许多多敢于挺身而出抵抗镇压和暴行的人相提并论。然而，枪击只是开始，尽管之后塔利班不断威胁她和她父亲齐亚丁，但马拉拉仍继续在公开场合为女孩受教育的权利大声疾呼。她的积极奔走，被认为促成了巴基斯坦出台首部《教育权利法》。2014年，当时17岁的马拉拉获得诺贝尔和平奖，成为该奖项最年轻的得主。我相信她会继续为此奋斗终生，我希望她能够长寿、幸福。马拉拉有没有改变世界呢？答案是肯定的，无论在实践中（这方面她比普利斯库斯幸运），还是作为他人的榜样——她的确是"他人的典范"，她都让世界因她而改变了。

但是本章要讨论的并不是榜样（鉴于榜样确实对斯多葛学派产生了重要影响，我很快也会谈到这一方面），而是**品格**的重要性以及与之相关的**美德**概念。如今这两个词一·针见血地反映出（尤其是美国政坛）左派和右派之间的巨大分歧。保守派更倾向于谈论品格与美德，即使他们并不会真正地去践行美德，而自由派则出于本能反应，认为保守派稳定物价的行为只是其实施压迫的工具，这一点明眼人一眼就能看出。此外，在基督教盛行两千年之后，的确很难将基督教所说的"美德"，和此前希腊 - 罗马式的"美德"区别开来，并且前者的提出正是受到了后者启发。尽管如此，我依然认为将两者区别开来很重要，而且它会让我们重新认识到超越政治分歧的品格和美德的概念，另外，如果保守派和自由派真的像他们所声称的一样在意价值观念，他们可以，或者说事实上他们**应该**承认这一概念。

让我先来介绍一下斯多葛派的**四种基本美德**，还有同受基督教启发形成的现代美德概念之间的关系。从我的经验来看，这些美德，或者至少是一组与之十分相似的优良性格特征（其实同样是美德），虽然经历了漫长的时间和不同文化的洗礼，但始终如一，不曾改变。这至少支持了一种观点：美德是对人类这种具有文化的社会生物一种极其重要的东西。

斯多葛派对于美德的理解源于苏格拉底。苏格拉底认为所有的美德事实上是"智慧"这一潜在特征的不同层面。苏格拉底认为，智慧就是"主善"，这一观点很好理解，因为它是唯一在任何情况下都良善的人类能力。我们不难想象，其他善的事物只存在于特定的情形下。一旦情况改变，这一事物可能，或者说应该就要被替换掉。可以肯定，富足优于贫穷，健康优于疾病，受教育优于蒙昧（以上是标准的几对可取的无关紧要之物和不可取的无关紧要之物）。但是我们也需要知道如何处理以上所有的情况。换言之，我们必须聪慧、明智，这样遇到生活中繁杂、冲突的情况时才可以游刃有余。

斯多葛派学说吸纳了苏格拉底对美德四个层面的分类，他们认为这是四种紧密难分的品格特质：（实用的）**智慧、勇气、节制、正义**。实用的智慧让我们做出抉择，提高幸福感，过上（从道德上来说的）美好生活。勇气可以是身体上的，但更广泛地说是指道德方面——比如说，具备像普利斯库斯和马拉拉那样面对危难镇定自若、泰然处之的能力。节制让我们能够控制自己的欲望与行动，从而免于放纵。对于苏格拉底和斯多葛派信徒而言，正义并不是描绘社会应该怎样运转的抽象理论，而是以尊严和公正对待他人的具体实践。

斯多葛学派（和苏格拉底学派）的美德概念有一个重要特征——不同的美德无法独立践行，即依据斯多葛 - 苏格拉底的定义，一个人无法做到既毫无节制，又勇敢无畏。尽管对我们来说，一个人在战场上英勇无畏，却酗酒无度、脾气暴躁，这是很正常的事。但这样的人在斯多葛派看来并不具有美德，因为美德是一个整体，一损全损。我可从没有说过斯多葛派哲学要求不严格。

基督徒用苏格拉底的这套美德来做什么呢？他们将其大量采纳并进行拓展。托马斯·阿奎纳——有史以来最伟大的基督教神学家之一——在他 1273 年的著作《神学大全》中创造了"神圣美德"这一概念。基本上，阿奎纳保留了四种斯多葛派美德，并特意添加了三种基督教特有的美德：信仰、希望、慈善，而最先提出这三种美德的是塔尔苏斯的圣保罗。阿奎纳美德体系由四种**基本美德**和三种所谓的**超然美德**构成。相应地，他将其划分成七个层次：智慧是最重要的基本美德（这点和苏格拉底一样），但是四种基本美德都居于超然美德之下，其中"慈善"居于首位。

其他文化也或多或少地独立发展出了自己的美德，并将其作为重要的社会品格特征。不同文化又对不同美德之间的关系进行了分类。有趣的是，尽管如此，在文化相对主义盛行的今天，不同文化中美德定义的相似性远远超出了我们的预期。凯瑟琳·达尔斯伽德（Katherine Dahlsgaard）[1]、克里斯托弗·彼得森（Kristoffer Peterson）[2]、马丁·塞利格曼（Martin E.P. Seligman）[3] 等人进行了一项研究，探讨了佛教、基督教、儒家学说、印度教、犹太教、道教，以及他们所谓的"雅典哲学"（主要是苏格拉底、柏拉图、亚里士多德三人的思想）如何定义美德。他们在所有这些宗教 - 哲学传统中发现了相当惊人的一致性，并确立了一套六大"核心"美德体系：

---

[1] 美国心理学家。

[2] 美国心理学家，著有《积极心理学》。

[3] 美国心理学学会主席，著有《活出最乐观的自己》。

勇敢——情感力量，包含磨炼意志，从而在面对内忧或外患的时候达成目标。例如勇气、毅力、可靠（诚实）。

正义——公民力量，构成了健康社区生活的基础。例如公平、领导才能、公民权利与义务、团队合作等。

人性——人际力量，能够"抚慰和结交"他人。例如爱、仁慈等。

节制——免于放纵的力量。例如宽恕、谦虚、审慎、自控等。

智慧——认知力量，包含获取和使用知识。例如创造力、好奇心、判断力、洞察力（向他人提供建议）等。

超凡——与更广阔宇宙建立联系从而提供意义的力量，例如感恩、希望、灵性等。

在以上六种美德中，有四种与斯多葛派美德毫无二致。斯多葛派信徒也接受了"人性"和"超凡"的重要性，尽管他们并不将其视作美德，而是看作对他人（人性）和对广阔宇宙（超凡）的态度。斯多葛派所说的人性扎根于"视为己有"这一概念，以及赫罗克莱斯与此相对的"关注圈"概念——这些都是犬儒主义和斯多葛派学说中"世界主义"概念的中心：该观点认为我们应该像对待亲人一样对待朋友、熟人、同胞乃至全人类（一些斯多葛派信徒甚至暗示，应该将所有生物都包含在内）。

至于超凡，斯多葛派理论中的逻各斯蕴含着一种洞察力，这种洞察力能让我们看到自己同宇宙之间的关系，并了解自己居于宇宙中的何处。举一个我最喜欢的例子：马可·奥勒留提醒自己定期进行冥想："毕达哥拉斯学派信徒嘱咐我们在凌晨仰望天空，从而提醒自己：有那么一些星体一直以同样的方式各司其职，它们纯洁无瑕、秉持本色。因为星星不会为自己披上面纱。"我喜欢最后一句话中蕴含的诗意。旅行期间，我身处世界各地，但一直没有中断凌晨冥想，并常常觉得这样的冥想一方面让我身心放松，一方面能给我忠告，让我想起那个自己身处其间，却常常疲于奔命而忽视的浩瀚宇宙。

我们重新来谈谈美德。从广义上讲，并非只有斯多葛派通过某种方式找到了美德的真谛，而其他学派与美德失之交臂。应该这样说：能发展出生活哲学的人类社会，陆续提出许多非常类似的观点，而这些观点就是我们口中的美德。我不想揣测这种趋同的倾向是否源于人类早期的生理演化，尽管从灵长类动物的比较研究中，可以清楚地看出我们与其他灵长类动物共享了一些我们称之为"道德"的亲社会行为。达尔斯伽德和他的同事还指出，这一结论和他们做的几项（当前这种研究很少）有关无文字社会（如格陵兰岛北部的因纽特人和肯尼亚西部的马赛人）美德的研究结论不谋而合。这些可能是由于生理因素、文化因素，或者更有可能是两者的结合。事实证明，不同人类社会，尽管其宗教哲学传统各异，但似乎都重视其成员品格特征中相同的核心品质。两千多年前的斯多葛派所教导的正是这样的特征和态度。

我之前提到过，一个人对"品格"作何感想，在当今已经成为判断此人政治观点是保守还是自由的试金石：保守派坚称我们应当在学校、家庭乃至整个国家中重新强调品格，而自由派则反对这样的言论，认为他们堂而皇之地维护白人男性特权、父权制和诸如此类的东西。我认为这是极其不幸的。鉴于各个人类文明普遍重视品格，因而品格这一概念在当代西方社会毫无理由只能存在于某个政治党派之中。爱比克泰德等古人认为，品格贯穿于人类心理发展的演化过程，并视其为我们个体身份的根基："将议员的长袍放在一边，穿上褴褛的衣衫，演绎那种品格。好吧，关于高尚，难道我说得还不够清楚吗？你展现的又是什么呢？"爱比克泰德是在提醒我们，无论我们这天穿什么衣服，是参议员的宽袍、华尔街的正装，还是大学教授那种肘部打补丁的粗花呢西装，一个人的真正价值都在于他的内核，而这一内核（我们的品格）无关我们在社会中扮演的角色，无论该角色是我们自己选择，偶尔为之，还是命中注定的。

这就是在力争提升自己品格的同时评估他人品格在社会生活中至关重要的原因。关于这点，有一则犬儒派信徒第欧根尼的趣事。一天（大概是在他成为全职哲学家之前，那时他偏偏还是一个银行家），一个人请求第欧根尼为他写一封介绍信。第欧根尼对他说："你是一个人，这一点他凭双眼能够分辨。但至于你是好是坏，如果他有能力区分好坏，那他自己就能做到；如果他没有这个能力，纵使我写一万封信也无法让他发现。"爱比克泰德为我进一步阐明了这一点："你也可能拿着一枚德拉克马银币找人检测真伪。如果对方是鉴定白银的行家，你肯定会上前做自我介绍。因此，正如贵金属鉴定者有能力鉴定白银，我们也应当具备一些指导自己生活的能力，从而能让自己说出类似的话：'你随便给我一枚德拉克马银币，我都能给你鉴定出来是真是假。'"换句话说，如果你和一个鉴定品格的行家交往，你的品格是你最好的名片，除此之外，不需他物。

我是在观看 2016 年美国总统初选时想到这一点的，恰好意大利当时也在进行地方选举——包括选举罗马市市长。两国选举的相似之处，既引人注目又令人沮丧。在我看来，第欧根尼显然会发现大多数（不一定是全部）的候选人——不论哪个派别和国家——都有明显的品格缺陷。好吧，也许犬儒主义者的标准对于大多数人高得不切实际，但是在我看来，崇高理想和严酷现实之间横亘着一条巨大的鸿沟，正因为太过巨大，导致一想到其中有些人最后会赢得选举，而某人将成为世界强国的总统，就让我浑身不自在。

公平地说，如果我们没有亲自见过某人，没有相当次数的交往，就很难判断他的品格。然而，一旦对象是整天抛头露面的公众人物，我们就能通过现代媒体，从他们说话的内容、方式，尤其是行为模式来收集重要线索。根据这些标准，在这些候选人身上我几乎看不到勇气或节制，大多数人置正义于不顾，且没什么实用的智慧——而实用的智慧恰恰是美德中的重中之重。

品格在政治领域是有迹可寻的——保守派牺牲特定的方案平台以强调他们候选人的品格，而自由派则恰恰相反。但无论在政治中还是在日常生活中，这两者并没有多大区别。我当然想知道某位总统候选人或市长候选人对赢得竞选后面临的重要问题的大致看法：他对于气候变化、外交事务、政治和经济不平等、个人权利等问题有什么见解。但同样显而易见的是，当他一旦上任，不论命运强加给他多么复杂的政治、经济、社会局面，他都要一一面对。而要在这些局面中成功找到方向，这时需要的就不再是一些大致的看法，尽管这些看法从理论上看可能是正确的。事实上，他们所需要的正是基本美德：在艰难处境下行正义之事的勇气，遏制过度放纵的节制，斟酌自身决定对他人造成影响的正义，当然还有实用的智慧可以应对世事无常。

爱比克泰德恰当地运用了一个航海的隐喻来阐述类似的观点：

> 对于舵手来说，颠覆一条船所动用的资源远不及拯救这条船所消耗的资源：如果他按照风向转舵但稍转过了头，船就会翻；没错，如果他掌舵没有经过深思熟虑，只为引人注目，那么船同样也会翻。生活亦是如此：如果你打了会儿瞌睡，此前你所积攒的一切都将离你而去。因此你要时刻保持清醒，注意自己给他人留下的印象：你所坚持的绝非鸡毛蒜皮之事，而是自尊、荣誉、坚定，以及不忧、不惧、不焦的从容心态——一言以蔽之，你所坚持的是自由。你打算拿这些东西换取何物？好好看看什么东西才配得上你吧。

无论是公众人物还是我们自己，都需要培养美德和品格。但同时也要保持警惕以防我们驾驶的船只（整个国家或个人生活）偏离航向，因为即便是一刹那不经意的分神，都会招致灾难。最重要的是，我们需要认识到自己的正直有多少价值——倘若我们决定将其变卖，则价格不应过贱。每当读到这些文字，我都不禁联想到政治丑闻和腐败，但想要消除这些问题，或许应该从我们自身做起，规范我们的行为，纠正我们为了方便而在原则问题上的妥协（虽然我们经常矢口否认），鼓起我们在危急关头所缺少的勇气，纠正空谈正义的风气，贯彻常被用来当作夸耀资本的节制，以及培养处理生活难题时显然不足的智慧。

08 至理名言：理智改变生活

如果你能指出他人的错误，对方自然会放弃错误行径；如果你没能指出这一点，对方仍然我行我素，一错到底，那就不足为奇了。他这么做是由于他之前觉得自己是对的。

——爱比克泰德，《论说集》2：26

不久前，我去吉奥内剧院看戏，罗马老城的大街小巷有很多这样的小剧院。当天上演的是《美狄亚》——一部由欧里庇得斯创作的经典悲剧，公元前431年在雅典的酒神节上首次公演。当时，初次公演的效果并不理想，欧里庇得斯在当年的戏剧竞赛中垫底。但毋庸置疑他笑到了最后。《美狄亚》成为整个20世纪上演场次最多的希腊悲剧。与之相对，他的竞争对手欧福里翁的作品虽然在当时红极一时，但随着时间推移，大都被人们淡忘了。那晚我走进剧院，意大利名旦芭芭拉·德·罗西亲力出演。演好美狄亚这个角色十分不易，毕竟这个角色的丈夫伊阿宋（阿尔戈号英雄之一）狠心将其抛弃，转而娶了当地公主，而美狄亚为了对丈夫展开报复不惜亲手

杀死了他们的独子。面对这样一个复杂的角色，演员需要以某种方式唤起人们的同情心。表演结束后，合唱队深受震撼（当然，在雅典的首次公演也是如此），以至于无法理解刚才在舞台上的表演：

千变万化的天神[1]啊！

安排了诸多无望之事。

我们所期望的事从未实现啊，

不曾逆料的事却必须承担，

让一切随风，了无痕迹吧！

芭芭拉出色地演绎了美狄亚这一角色，当然她的成功很大一部分要归功于欧里庇得斯对人类强烈、纠结的爱恨情仇入木三分的研究。你看，美狄亚曾帮助丈夫伊阿宋从她家乡偷走了传说中的金羊毛，在这一过程中她不惜背叛了父王并杀死了弟弟。她这么做是为了爱情，也是为了逃离她那"野蛮"的国家，来到文明的希腊（别忘了这出戏是希腊人写的）。这部剧引人入胜的一点在于它既可以（并且已经）解读成厌女和仇外的故事（主角美狄亚是一位女性，也是一名外邦人），又可以解读成原始女权主义的故事，讲述了在男权社会中女性的斗争。

美狄亚所表现出的强烈情感似乎与斯多葛派主张的超然态度

---

[1] 指宙斯。

大相径庭，但爱比克泰德通过这个故事提出了一些有关人性以及哲学实践的重要观点。我过一会儿再回来谈美狄亚，所以请紧跟我的思路走。

我教书的时候，碰到过这样的问题：有的学生的确很想学哲学，但是他们的父母对他们说哲学不实用，完全是浪费时间……这样的话。恰巧爱比克泰德也碰到过这个问题，对此他说："我们必须在那些因为自己的孩子学习哲学而生气的父母面前为哲学辩护，我们应该这么说：'父亲，假设我想学哲学是错误的，而且我对什么适合自己一无所知。如果我无法通过学习了解什么适合自己，那你为什么要指责我呢？如果我可以通过学习了解什么适合自己，那你来教我吧。如果你不能教我，请让我和那些能教我的人学习吧。你的想法是什么？你觉得我会学坏，会因为自己想学而学不好吗？'"我对他指出，这么说也没错，但想要触及问题核心，我们不仅要**宣称**学哲学能使你变成一个更好的人，而且要以令人信服的方式**展现**出这一点。

所以，爱比克泰德继续说道："我们同意一件事情的原因是什么呢？因为在我们看来，事实似乎就是如此。我们不可能会同意那些似乎并不可能发生的事情。为什么？因为我们生下来就是这么思考的——同意真实之事，反对虚假之事，并且对不确定之事持保留意见。"我答道，或许是吧，但真实的例子会更能让我，尤其是我学生的父母们信服。他说："如果你能做到的话，现在就来感受一下周围的夜色，而这是不可能做到的事。抛开这会儿是白天这个想法，也是不可能做到的事……当人们同意错误的事时，你要知道他其实并不想同意错误。正如柏拉图所说的，'没有人会被剥夺真理'，只是他把错误的事看成对的。听起来很有趣吧？关键在于，没有人会故意犯错。根据自身在采取正确行动时所形成的或采用的标准，我们会认为自己所做的哪些事情是正确的。"

就在几十年前，哲学家汉娜·阿伦特提出了"平庸之恶"，这一充满争议的观点也表达了类似的看法。阿伦特被《纽约客》杂志派去报道对阿道夫·艾希曼的审讯。艾希曼曾是一名党卫军中校，位列纳粹高层，在希特勒针对犹太人民的"最终方案"中负责后勤工作。阿伦特在杂志上发表了一系列极具争议性的文章，这些文章最终收录于她的著作《艾希曼在耶路撒冷：一份关于平庸之恶的报告》，这是一部具有里程碑意义的作品。

针对阿伦特的争议部分集中在她提出的"恶"是由于缺乏思考所致这一观点，她认为人们通常并**不想**作恶，也必定不会认为自己是作恶的人。但是，他们也倾向于不加批判地遵循普遍的观念。事实上，就艾希曼的例子来说，他们通常会相信自己做的是正当职业。这个中校为自己的工作效率感到自豪，他从未想过他所做的工作夺去了当地（匈牙利）成千上万条无辜的生命。

我找到了一盘阿伦特最后一次接受采访的录音带，她进一步澄清了自己对平庸之恶的看法（我在括号中列出了一些德语关键词的其他译法）：

在战争期间，恩斯特·荣格遇到了一些农民，其中一位农民接待了从集中营里放出来的苏联战俘，他们自然饥肠辘辘——你知道苏联战俘在这里遭受了怎样的对待。（那位农民）对荣格说："他们是长得像人的畜生，跟牛一样，你瞧他们吞咽东西的样子和牛没啥两样。"荣格对此评论道："有时候德国人似乎被魔鬼附身了。"但他并没有说德国人的所作所为很邪恶。你看，在这个故事中，有些内容是相当愚蠢的（dumm：无知的、不明智的）。我的意思是说这个故事很愚蠢。这个农民并没有意识到这就是饥饿的人所做的事，对吧？而且任何人饿极了都会那样做的。但是这个农民的愚蠢中有一种令人发指（empörend：令人震惊、令人反感）的东西……艾希曼非常聪明，但在这方面他也表现出了类似的愚蠢（dummheit：非理性，无知）。正是这种愚蠢行为让人无法容忍，而这也是我所谓的平庸。这（无知）并不深奥——也无关邪恶！只是不愿设身处地地去想其他人正在经历些什么，是吧？

阿伦特和爱比克泰德都提到了一个斯多葛派的关键概念，这个概念源自苏格拉底——人们不会刻意作"恶"，只会由于"无知"而作恶。不管我什么时候这么说，肯定都会有人大发雷霆：什么？你是不是真心想说希特勒并不邪恶？你怎么这么天真？或者，你对希特勒怀有动机可疑的同情心？但是正如哲学上的许多术语一样，"恶"和"无知"的意思和我们所想的并不一样。

"恶"这个词似乎引出了一种不必要的形而上学。如果我们所做的事仅仅体现了某种令人不快的坏行为，那没什么问题。但是我们常常一谈起恶，就会陷入一个名为"具体化"（说白了就是捏造）的谬误中，即一旦谈到一个概念，便好像有一个独立思考的人为它代言，仿佛从某种意义上讲这个概念"就在那儿"。拿"恶的象征"一词为例，比如在"希特勒是恶的象征"这句话中，这个词指希特勒是恶的化身。但"恶"并非由独立的个人来描述的东西。恶并不具备形而上学层面的连贯性，它仅仅是人们所做的特别坏的事的简称，或是让人们做这些事的特别坏的品质的简称。因此，从一个重要的哲学角度来说，"恶"并不存在（但特别坏的东西是存在的）。

现在让我们来着手处理一个更为难懂的概念——人们出于"无知"而作恶（这里的恶指非形而上学的恶）。在对话录《欧西德莫斯篇》（*Alcibiades Major*）中，柏拉图借苏格拉底之口说："智慧是人类唯一的善，无知是唯一的恶。"这句话一直被误解。柏拉图用的词是 amathia，事实证明它的确切含义并不是"无知"。哲学家舍伍德·贝兰吉亚（Sherwood Belangia）就这一话题做了广泛论述，这很值得我们探讨。

贝兰吉亚一开始引用了苏格拉底与其友人欧西德莫斯之间的对话（摘自《欧西德莫斯篇》）。欧西德莫斯是雅典的将军、政治家，可以说他是经历过大风大浪的。两人的对话从道德角度展开：

苏格拉底：但是如果你感到困惑，那按我们先前所说的，你是否不仅不了解那些最伟大的事情，而且没有意识到自己的无知？

欧西德莫斯：恐怕是吧。

苏格拉底：哎呀！欧西德莫斯啊，你这是遭了什么罪啊！我都害怕把你的罪名说出口，但既然当下只有我们两人，我就开诚布公吧。我的好友啊，你陷入了深深的愚昧，变得愚不可及，你用自己的话谴责自己；而这似乎也就导致了你未接受教育就急匆匆地投身政治。遭这罪的也不止你一个，那些执掌城邦事务的人几乎个个如此，不过你的保护人伯里克利算得上是例外。

"无知"和"愚蠢"这两个词在希腊语中分别是 agnoia 和 amathia。在雅典人中，欧西德莫斯受过最高等的教育——这里的"最高等的教育"就是我们平常说的意思——因而他显然聪慧过人，当然这里的"聪慧过人"也是我们平常说的意思。所以不论英语中的无知（ignorance）还是愚蠢（stupidity）都不能真正表达出苏格拉底的意思。相反，欧西德莫斯缺少智慧：他还未接受适当的"教育"就"急匆匆地投身政治"。也就是说，他没有那种来自美德的智慧。苏格拉底在他的朋友和伯里克利之间进行的对比尤其明显：伯里克利是雅典著名的演说家，不仅以教养良好、聪慧绝伦著称，也以明智过人闻名。这些都让他得以成为优秀的政治家。而可悲的是，事实证明这些都是欧西德莫斯所缺少的。愚蠢（amathia）一词最贴切的解释是缺少智慧，它的反义词是 sophia——哲学（philosophy）一词的词根。

贝兰吉亚对此做了很好的补充："agonia 一词字面义为'不知道'；amathia 字面义为'不学'。'不学'除了没有能力学习之外，还指不愿意学习……罗伯特·穆齐尔（Robert Musil）[1] 在《论愚蠢》一文中区分了两种形式的愚蠢：一种源于缺乏自然能力，他称之为'光荣之愚'；而另一种则险恶得多，他称之为'聪明之愚'。"

贝兰吉亚还引用了哲学家格伦·休斯的论点，休斯对 amathia 的概念进行了进一步阐释，并将其与纳粹德国联系在一起。对休斯而言，"聪明之愚"并不是"像傻子那样极度缺乏智慧，因为聪明之愚只是想要去达成无权达成之事"。聪明之愚"不是心理疾病，但是极为有害；是一种危险的思想病，会危及生命本身"。其危险在于"并非无法理解而是拒绝理解，（并且）无论通过理性论证，还是通过积累大量数据和知识，抑或体验全新的不同感受，都无法治疗或逆转这一疾病"。相反，聪明之愚是一种"心灵病"，需要心灵救治。

因此，amathia 似乎是英语中缺少的关键词语。与智慧相反，它是一种对与其他人类相处的不了解，这种不了解导致除此之外身心健全的聪明人犯下恶行。而且，具备 amathia 人格的人无法简单

---

[1] 20 世纪初的奥地利作家，他未完成的小说《没有个性的人》，常被认为是最重要的现代主义小说之一。

地被理性论证说服，因为他们虽然能够理解论证，但是人格有着致命缺陷。而正如斯多葛派所言，人格是随着时间的推移，由本能、环境影响（特别是家庭引导），以及理性结合而成的。如果一个人在成长过程中很早就出现问题，那随之而来的 amathia 仅凭理性是难以纠正的。

最终，我们的话题又回到美狄亚。爱比克泰德提醒我，欧里庇得斯让美狄亚说了这么一句台词：

> 我很清楚自己想做的事有多罪恶，
> 但猛烈的情绪压过了内心的忠告。

爱比克泰德补充道："在她看来，顺着自己的情绪以及对丈夫施行报复所带来的快感胜过保全自己的孩子。"确实，我回答道，但她显然被蒙蔽了。他说："那么你为何对她表示愤慨？是因为这个不幸的女人在最重要的事情上昏了头，让自己变成蛇蝎心肠吗？若是这样，你为何不同情她呢？既然我们会同情盲人和跛子，那也应怜悯最重要的官能'又盲又跛'的那些人。我认为，将此牢记于心的人，就不会对任何人生气、愤慨、辱骂、责怪、厌恶、冒犯。"

这种对人类状态的洞察令人震惊且入木三分，还展现出一定的慈悲。相较于斯多葛学派，那些发人怜悯的民间传说更多地和基督教有关。但这位奴隶出身的老师爱比克泰德说道，美狄亚深知通过折磨孩子来惩罚伊阿宋是错误的，但是情感（复仇）战胜了理智，驱使她做出冲动之举。爱比克泰德建议我们不要愤慨或生气，而应该对她表示同情，因为这才是我们对待美狄亚的正确态度，因为不管怎么说，她并非"邪恶"之人，而是一个缺乏某种必需之物的人，就像一个"跛子"（该词也同样被爱比克泰德用来描述自己的状态）。确切来说，美狄亚缺少智慧，且陷入了 amathia 状态，这种无知致使普通人在某些情况下无法合理判断，从而做出在旁人看来十分可怕的行为。如果我们把斯多葛派的这一态度（或佛教、基督教的相同态度）内化于心，我们确实不会再对任何人生气或愤慨，也不会因此辱骂、责怪、厌恶或冒犯别人。我觉得这样一来，世界会比现在好得多。

为何爱比克泰德会认为美狄亚之类的人是悲剧人物，他详细地解释道：

每一处错误都意味着矛盾。因为犯错之人都并不想犯错，而是想做对的事，但显然他的所作所为并非他的本意。窃贼想要做什么呢？他想做有利于自己的事情。而倘若偷窃违背了自身利益，那他所做的就不是他想做的事。然而，每个理智的人天生都不喜欢矛盾，所以只要某个人不清楚他身处矛盾之中，就没有什么能阻止他做自相矛盾的行为。不论何时，只要他认清这一点，他将意识到自己必须罢手，并避免做自相矛盾之事。

也就是说，美狄亚并不想犯错，她只是确信自己的所作所为是正确的。上述道理对阿道夫·艾希曼也同样适用，尽管他与美狄亚所处的环境、所做行为的表面原因及其行为的最终结果都大相径庭。我相信爱比克泰德也会同意我的观点。

现代心理学家发现了一种与此相关的现象——认知失调。率先提出这一现象的是心理学家利昂·费斯廷格（Leon Festinger）[1]。认知失调，是指某人意识到自己的两个判断之间存在矛盾，而这两个判断又同等正确的情况下产生的一种极为不适的心理状态。人们不愿经历认知失调，就如同爱比克泰德所说的人们不愿明知故犯。于是，他们为了缓解不适而胡乱找个自己认为可靠的，能够推导出正确判断的理由，哪怕这些理由和判断在他人看来明显是牵强附会。早在公元前6世纪，伊索就在他的著名寓言《狐狸与葡萄》中诙谐地讲述了这个道理。

然而，现实令人扼腕，患有认知失调的人既不愚蠢也不无知。我遇到过许多人，他们很聪明且受过良好的教育，却仍然否认达尔文的演化论（这是有史以来最坚不可破的科学理论之一）。他们**必须**否认这个理论，因为在他们看来该理论与《圣经》以及他们整个人生的参照点——做虔诚的基督徒有着无可调和的冲突。如果我们得出的判断是要么达尔文正确，要么上帝的话语真实，那么一些人选择上帝而不是达尔文是完全自然的，甚至是合理的。

---

[1] 美国社会心理学家，主要研究人的期望、抱负和决策，并用实验方法研究偏见、社会影响等社会心理学问题。

当我第一次遇到原教旨主义的创世论者时，爱比克泰德应该不会感到惊讶，我也不应该感到惊讶才对。但我当时毕竟比较年轻（某种程度上讲也更为天真）。正如作家迈克尔·薛莫（Michael Sherme）所观察到的：越是聪明的人，越能将他们认知失调的原因合理化。例如，解释世界**其实**是如何运作的阴谋论，在我们看来漏洞百出，但阴谋论者总能自圆其说。那到底该怎么做呢？心理学的研究可以再次帮上忙。我们知道，要帮助学生改变他们对科学概念的既定认识，最好的办法是有意增强他们的认知失调，直到他们感觉不适，并自行寻找更多信息和新的资料来解决认知冲突。当然，这招并非一直可行——我觉得对美狄亚或艾希曼来说大概就没用——但这一观点能让我们很好地理解现状，以及（假如可以）我们能对此做些什么。

尽管如此，我还是和汉娜·阿伦特的反对者们有同样的顾虑："平庸之恶"以及 amathia 的观点，难道不是为可怕的行为找借口吗？这难道不是件很危险的事吗？退一万步讲，难道不是在鼓励我们对"恶"消极对待吗？爱比克泰德自然也进行了深刻的思考："'这样的人骂了你。'多谢他没有殴打你。'但他的确也打了。'幸亏他没有伤害你。'但他的确伤害了我。'感谢他没杀了你。他是否在某一刻，从某个学派思想中了解到'人类是一种温柔、善于交际的生物，不当行为本身会对作恶者造成巨大的伤害'这个观点？如果他没学过或相信过这个观点，那他为何不去做对自己有利的事呢？"

如果这在你看来都不暗合"连左脸也转过来由他打"[1]的理念,那我无话可说了。但爱比克泰德并未停止关于忍耐和耐心的劝告,尽管他也确实做了下面的事——他确实诊断出症结所在。由于深陷amathia状态,即不知道什么才是对自己真正有益的,作恶者不知道他首先伤害的是自己,伤得最深的也是自己。对他自己有益的事和对全人类有益的事之间其实并无分别。用斯多葛派的观点来说,**即运用理性来改善日常生活。**

就我们其他人而言,要牢记"人们作恶是因为缺乏智慧"。这不仅提醒我们要对他人常怀怜悯之心,而且对我们提出了谆谆教诲,让我们牢记培养智慧的重要性。

---

[1] 语出《新约·马太福音》5:39,原文是耶稣的话:"只是我告诉你们,不要与恶人作对。有人打你的右脸,连左脸也转过来由他打。"

09　榜样的力量

"我怎样才能避免遇到凶猛的狮子、野猪或者野人？" 若赫拉克勒斯说出这样的话，他还能叫赫拉克勒斯吗？我会说，你在操心什么呢？如果出现了野猪，你就跟它大战一场；如果出现了坏人，你就将其从这世上消灭。

——爱比克泰德，《论说集》4: 10

　　1992 年 10 月 13 日，正值美国大选季，我在电视上收看副总统候选人辩论。在此的前几年，我从罗马搬到美国，美国人将电视辩论作为"资讯娱乐"的这一整套概念对于我来说是闻所未闻的新鲜事物。辩论台上站着三个人——有两个是职业政客，他们分别是阿尔·戈尔（Al Gore）和丹·奎尔（Dan Quayle）；第三个人看上去多少有点古怪，他叫詹姆斯·斯托克代尔（James Stockdale）。那晚对斯托克代尔来说可不好受，辩论一开始他就开了句玩笑，但他很快就证明了自己所言非虚——他的确不知道自己在那儿干吗。斯托克代尔看起来确实有些笨拙，但那一晚我并不知道几十年以后他会成为我的榜样，尽管当时他都去世十几年了。你看，斯托克代尔

就是一名现代的斯多葛信徒，有个关于他的故事不得不说。

这件事要追溯到 1965 年 9 月 9 日，就在前一年，随着"北部湾事件"的爆发，美国开始全面介入越南战争。这一事件着实古怪，美军军舰于夜间发了几枚空炮，随后美国总统林登·约翰逊将其作为官方借口，下令对北越政权采取"报复性"轰炸。当时正担任美国海军战斗机第 51 中队指挥官的斯托克代尔其实就在北部湾，对于此事件他评论道："有什么可报复的？"随后被严令保持沉默。

9 月 9 日，斯托克代尔驾驶的战机在北越上空被击落，随后被捕，关到了所谓"河内希尔顿"的战俘营中，一关就是 7 年半。在此期间，他遭受了非人的对待，被拷打、折磨，常常戴着脚铐被关在一间 2.5 平方米的牢房里，连窗户都没有。尽管处境异常艰难，斯托克代尔依然设法将他的狱友们组织起来，为他们量身打造了一套日常行为规范。另外，为了不被北越当局利用，成为其宣传工具，斯托克代尔先是用剃刀把头皮割破，自毁容貌。发现这招并不奏效后，他用凳子猛砸自己的脸，砸得鼻青脸肿，让自己对敌人没有利用价值。有一次，为了避免被拷打从而暴露战友们的地下活动，他甚至选择了割腕。最后，斯托克代尔终于获释重回美国，而当时的他已经奄奄一息。回国后，他的身体逐渐复原，并于 1976 年获得了荣誉勋章，这枚勋章代表着军人的最高荣誉，以嘉奖他超越职责范围的英勇行为。

斯托克代尔接受采访的时候，有人问他哪些人没能从"河内希尔顿"中生还，对此斯托克代尔答道：

哦，很简单，乐天派。对了，就是那些说"等到圣诞节我们就能出去了"的人。他们眼睁睁看着圣诞节来了又去。于是他们又说"等到复活节我们就能出去了"。接着，眼睁睁看着复活节来了又去。接着是感恩节，然后又是圣诞节。他们就这样在伤心绝望中死去……这件事教会了我很多。你不能搞混两样东西：一是你终将胜利的信念——这是你最输不起的；二是训练自己直面残酷现实——无论现实有多残酷。

采访者将这段话称为"斯托克代尔悖论"（The Stockdale Paradox），但他也可以将这一思维模式寻根溯源——源头就是爱比克泰德。早在 1959 年，斯托克代尔受海军指派去斯坦福大学攻读国际关系和比较马克思主义硕士学位，并专攻后者。斯托克代尔逐渐发现自己对那些常规研究并不感兴趣，于是他总是去哲学系转悠。在那里他遇见了菲尔·维兰特教授，也正是这位教授让他的生活从此翻天覆地。海军出身的斯托克代尔在第一学期中途报选了维兰特一门两学期的课程"善与恶的问题"。为了让斯托克代尔能够赶上进度，维兰特教授在办公室给他一对一辅导，帮他补课。在最后一次辅导中，维兰特教授拿起一本爱比克泰德的《手册》送给斯托克代尔，并说道："你是一名军人，我认为你对这本书会特别感兴趣。腓特烈大帝每次打仗都会带着它。"之后斯托克代尔反复阅读了爱比克泰德的《手册》和《论说集》。他在后来说是爱比克泰德给予他道德的力量，帮助他克服了监狱中的种种折磨，并且让他保持理智清醒的头脑，从而认识到什么是自己能做的，什么是自己无能为力的，从而让他在越南活了下来。这是斯多葛派控制二分法在极端情况下的应用范例。1981 年，斯托克代尔进入斯坦福大学的胡佛研究所工作，在那里的 12 年间，他撰写了大量有关斯多葛派思想的文章，并讲授了许多相关课程。

不要把我上面所写的故事当成在为美国干涉越南一事（斯托克代尔知道此事本就因谎言而起）辩护，我亦无意将北越人妖魔化。这只是一个值得我们每个人反思的个人小故事。斯托克代尔明白一条关于战争的真理，而这条真理也能推广到人生诸事：无论面对敌我双方的武器（以战时为例），还是面对日常生活中的不同环境，掌握道德制高点并保持自尊，比实打实的现实更为重要。但这样做需要一番心理斗争，这也正是斯多葛派学说特别有用的原因：斯多葛派学说本身就是一场心战，专门让人们保持道德制高点和自尊。

那一年的 9 月 9 日，斯托克代尔驾驶的飞机被击落，他必须第一次面对真正的考验。对于此事，他如此回忆道："从驾驶座上弹射出来之后，距离在前方小村庄主街上降落大约还有 30 秒，在这段时间里，我尚能以自由之身做最后的声明。我做的这一声明对我帮助很大，我当时轻声对自己说：'至少要在那里待上 5 年。该离开科技世界，进入爱比克泰德的世界了。'"

在他着陆并落到敌人手中之时，斯托克代尔对爱比克泰德的控制二分法了然于心，尤其明白如何掌控自己人生的道德制高点。短短几分钟之内，他就从一个受人敬仰的、指挥着 100 名飞行员和

1000 多名士兵的军官，"摇身一变"，成了受人诋毁的罪犯。斯托克代尔刚把降落伞从身上快速地解下来，就被 12 个男子围了起来："他们对我又摔又打，拳脚相加，一直打了大概有 3 分钟时间，直到一个戴着木髓帽的男子吹了声口哨才罢手。我有一条腿伤得很重，当时我就觉得这条残腿肯定要跟着我一辈子了。后来证明，我当时的直觉是对的。"他随后回想起爱比克泰德还是奴隶时被第一个主人打断了腿，从而终身残疾，他还记得爱比克泰德对此是这么评价的："跛足是腿的障碍，而非意志的障碍。记住这句话，今后无论发生什么，都对自己这样说。因为你会发现，它可能会成为其他事情的障碍，但其实不会成为你的障碍。"斯托克代尔有 7 年半的时间来好好体会这位希腊哲学家的话无比正确。

当斯托克代尔被带到"河内希尔顿"时，他便下定决心践行爱比克泰德所提出的建议：竭尽所能演好命运给他安排的角色。他时刻谨记，只有当他向两件事屈服时，敌人才会获胜，那就是恐惧和丧失尊严。斯托克代尔对那群抓他的人，尤其是那个负责拷打他的人做了研究。斯托克代尔发现拷打他的那个人并不邪恶，而只是在做他自认为正直的工作，如果爱比克泰德和阿伦特在那里，他们也会得出同样的结论。有一点可能挺令人吃惊的，即斯托克代尔并没有对那个拷打他的人产生憎恨，反而产生了敬意。负责拷打的人的工作是击垮囚犯的精神，向他们灌输恐惧。深知如此的爱比克泰德得出了唯一可能的回应："当一个心意已决，雷打不动，既不求死亦不求生的人出现在暴君面前，还有什么能让他恐惧吗？没有。"

多亏将爱比克泰德的哲学思想内化为己用，斯托克代尔成了一个极有使命感的人，即便他身陷囹圄，一腿伤残。他建立了一个秘密的囚犯协会，作为最高级别的官员，他尽自己最大努力下达合理的命令以抵抗敌人。他向士兵提供了实际建议，告诉他们在酷刑下可以透露以及不可透露的信息。根据美国政府的官方政策，被俘士兵只准向敌人提供姓名、军衔、部队编号，以及出生日期，而一旦这样，许多人将很快因此丧命。意识到这一点后，斯托克代尔重新制定了一套指导方针，其中包括不在公共场合鞠躬，不承认任何犯罪行为——这一切都是为了挫败北越利用囚犯进行政治宣传的企图。不出所料，这些宣传片适得其反，因为许多士兵用电影人物的形象来捉弄那些关押他们的人。有一次，斯托克代尔的朋友内尔斯·坦纳被要求提供交还了飞机以表达反战立场的飞行员的姓名，他答了两个名字：上校克拉克·肯特[1]和本·凯西[2]。坦纳随后忍受了他反抗的后果：先被吊了整整三天，然后戴着足枷被关了123天禁闭。

最终，北越军发现了美军俘虏团体内部的抵抗运动，将斯托克代尔和其他9人单独监禁了3年半到4年多不等。斯托克代尔的另一个同伴豪伊·拉特利奇最终在活着回家后进修了硕士课程并写了一篇论文，研究酷刑和关禁闭哪个更可能击溃人的精神。为了收集

---

[1] 《超人》系列漫画、影视作品中主角超人的名字。

[2] 电视连续剧《本·凯西（Ben Casey）》主角的名字。越战期间，美国士兵常用本·凯西指代医护兵。

研究资料，他向自己的战友以及其他曾经沦为战俘的人发了调查问卷。结果令人震惊——那些被禁闭不到两年的人认为酷刑是最糟糕的，而那些被单独关押了两年以上的人说后者的经历比遭受拷打更为难熬。那是因为一个人一旦长期独处，便会迫切地需要朋友，而不管对方是谁，意识形态、政治立场如何。根据爱比克泰德的教导，斯托克代尔解释了拉特利奇的发现——真正摧毁人类的不是身体上的疼痛，而是羞耻。他记得，当自己从被俘的经历中解脱出来的时候，曾问过爱比克泰德他所有教导的成果是什么，爱比克泰德答道："宁静，无畏，自由。"这一点在詹姆斯·斯托克代尔身上显露无遗。

有一个重要的问题，即到底是斯多葛派学说使得斯托克代尔不惧折磨监禁，还是说斯多葛派学说仅仅将他基于内在品格做出的壮举做了事后的合理化？用比较哲学的方式来表达就是：美德可以通过后天教授，还是每个人生而有之且因人而异？不仅古希腊人详细地讨论了这个问题，现代生物学和发展心理学也已发现了与之相关的大量实证。

在柏拉图谈话录《美诺篇》（*Meno*）中，美诺问苏格拉底："苏格拉底啊，你能告诉我人的卓越能被教会吗？或者，如果无法被教会，是否能通过训练而习得呢？再或者，如果既无法通过训练习得，又无法被教会，那美德是天生的，还是可以通过其他方式获得？"经过漫长的讨论，苏格拉底总结出"卓越"（或者美德）在原则上**可以**被教会，但是由于不存在能够教授卓越的老师，所以实际上是做不到的。那么，这意味着拥有卓越的人可能在出生时就获得了这种禀赋。然而，亚里士多德对此有不同的看法。他将**道德**美德和**智力**美德严加区别，前者源于自然性格和后天成长养成的习惯，而后者则来源于成熟心灵的反思。因此，美德有了三个来源：一些美德是我们生而有之的；一些美德源于习惯，在幼年尤其如此；还有一些美德可以通过智力获得，因此是可以被教会的。

这种获取美德的"混合"模式恰好与斯多葛派哲学一拍即合，而且也受到现代认知心理学研究的青睐。正如我们所见，斯多葛派持有一种注重发展的道德模式，认为我们天生拥有一种能力——从儿时开始便不仅会考虑自己，还会考虑那些照顾我们的人以及日常与我们接触的人。然而，一旦我们成长到具备理性思考的年纪（大约七八岁时），我们便开始进一步通过两种方式塑造具有美德的性格。这两种方式分别是习惯和（在人生较为靠后的阶段）清晰的哲学思考。

在现代心理学中，尝试总结人们是如何培养道德的理论中最著名的或许当数劳伦斯·科尔伯格（Lawrence Kohlberg）的**道德发展六阶段理论**。该理论脱胎于让·皮亚杰（Jean Piaget）的独创性思想以及大量现代实证研究成果。科尔伯格描述的六个阶段分为三个时期：前习俗道德时期（从服从和惩罚的阶段开始，接着进入一个自我定向的阶段）、习俗道德时期（从人际和谐和顺从的阶段到维护社会秩序和响应权威的阶段）、后习俗道德时期（从回应社会契约到遵守普遍伦理原则的阶段）。科尔伯格的理论在一些层面上受到批评，其中包括过分强调理性决策和正义伦理观（这两个观点分别与本能判断和其他道德美德——如关心别人——相冲突）。但是，尽管人们经历人生阶段有快有慢，而且不同文化对人生阶段的侧重点不同，但科尔伯格的理论似乎对不同文化的人群都非常适用。无论如何，我们无须信奉某种特定的现代道德心理发展理论，就能得出这一普遍观念，即我们的本能、训练，以及（许多人推崇的）清晰的批判性思维，这三点都是我们伦理道德的源泉。该理论和一些生物学家经过反复研究得出的结论不谋而合。这些生物学家研究了大量不同生物体内的基因与环境的相互作用：复杂的特征，尤其是行为特征，似乎总是通过基因和环境的连续反馈、浑然天成与后天培养的相融合而得到发展。当然，对于人类而言，环境的一个主要方面是我们的文化和我们与同类之间产生的社会性互动。了解到这些，我们就可以回过头来谈斯多葛派学说了。

诸如上文提过的斯托克代尔、阿格里皮纳斯、普利斯库斯、马拉拉等榜样人物，都突出表明斯多葛派学说是一种实践哲学，而非抽象理论。虽然斯多葛派也提出一些道德原则，教我们如何规范自己的行为，从而过上幸福的生活，但他们更看重人们做事是否真诚，而不仅仅局限于嘴上那一套。因此，观察和模仿榜样人物，便成了一种获得自身美德的有效手段。在现代社会，我们也会做类似的事情，即把公众人物树立为年轻人的榜样。但是眼下有个问题，即总的来说我们在挑选榜样这件事上做得很不好。我们追捧演员、歌手、运动员，还有那些"网红"，我们发现（其实这并不意外）他们虽然善于记台词、唱歌、打球，或在 Facebook 的点赞数和 Twitter 的关注量上特别拔尖，但这一切与他们的道德品行没有半点关系。

还有一个类似的问题，即现在"英雄"一词被大量滥用，这一现象在美国尤其严重。那些愿意牺牲自我保全公共利益的勇者，的确配得上英雄这个称号（尽管这些英雄并不一定只能出现在军人或警察队伍中）。但是，（打个比方）如果一个人在恐怖袭击中丧生，那他就不是英雄，而是"受害者"。他可能并没有展现出勇气和其他方面的美德，仅仅是恰好在错误的时间出现在错误的地点。当然，我们理应对他表示哀悼，但给他贴上"英雄"的标签不仅对于发生的事情来说绝非公正之举，而且混淆了人们对该词的理解，对于真正的英雄来说，也是非常不公平的。关于榜样，还须谨记一点（斯多葛派信徒对此了然于心），即**榜样并非完人**。原因很简单：人无完人。此外，把完美设定为榜样概念中一个不可或缺的部分，就意味着给榜样设了一个遥不可及的标准。当然，某些宗教就是这么做的。对基督徒来说，耶稣是全然无过的榜样，但想要实际上效仿这个榜样是很困难的，因为信徒们模仿耶稣，其实就是在模仿神。这注定难以成功，我们必须接受神的怜悯，并以此作为通往救赎之路。

斯多葛派信徒是人类心理学杰出的实践者和行家，他们处理事情的方式与众不同。塞涅卡曾撰文讨论有智慧的人——理想的斯多葛派榜样（或圣人）的本性。一些批评家认为他把门槛设得太高，以至于任何人都无法真正成为智者，塞涅卡对此回应道："你没有理由因为自己做不到，就说我们的智者无处可寻；我们没有把他捏造为人类虚幻的荣光，也没有把他构想为不真实的强大幻影，尽管此人可能不同寻常、难得一见，但我们一直都只是像刻画人物一般将其表现出来，以后也将一直这样做；因为伟大且卓越的人一直都是凤毛麟角；但是那位发起此次讨论的马库斯·加图本人，在我看来甚至超越了我们所设定的榜样。"

马库斯·加图（Marcus Cato），史称"小加图"，是一名罗马元老院的元老，也是尤利乌斯·恺撒的政敌。加图是一名罗马贵族，而他的贵族身份则是他那个时代的产物。例如，他意识不到自己所崇拜的罗马共和国不仅非常不平等（虽然不平等程度不及他努力避免却偏偏成为现实的罗马帝国），而且是建立在奴隶制和军事征服之上的。例如，在公元前72年，他自告奋勇前去镇压由奴隶斯巴达克斯率领的起义军，显然他没有静下心来思考一下起义很可能是由于社会极端不公正所酝酿而成。他可能像大多数罗马人那样，对女性在社会上明显低人一等无动于衷。换句话说，以现代对榜样的评判标准来看，加图和榜样差了十万八千里。但是，以这种眼光来评判加图是完全错误的，因为那就相当于以神的标准去要求他，让他去做没有人能够做到的事，完全超越他的生长背景。相反，我们应该以他自己的文化和时代的标准来评价他，在这些标准下，他确实是一位榜样。

加图从小就和别的孩子不同。他14岁的时候问他的老师萨尔珀冬，为什么无人挺身阻止独裁执政官苏拉（Sulla）的非法行为？萨尔珀冬回应道："人们惧怕苏拉甚于厌恶他。"于是加图说："给我一柄剑，我就会把我的祖国从奴役中解放出来。"为了以防万一，萨尔珀冬从此再也没有让加图在罗马单独玩耍。加图自学习斯多葛派理论以后就过上了朴素的生活，尽管他继承了大笔财产。在 28 岁时，加图被授予马其顿的军事指挥权。在此期间，他与士兵们一起行军，一起吃饭，一起睡觉，因而深受士兵们的爱戴。后来，加图很快在政治生涯中树立起清廉之名，这一品质无论是在当时或是任何时代都是非比寻常的。身为检察官，他起诉苏拉的线人非法挪用财政资金以及谋杀。他被派往塞浦路斯后，以极其廉正的态度管理公共书籍（这确实又是一件罕事），并且为罗马共和国的国库筹集了 7000 塔兰特白银。这是一笔何等的巨款啊！1 罗马塔兰特折算为现代计量单位，约合 32.3 千克（71 磅），尽管雅典塔兰特重量较小，但 1 塔兰特就足够支付技术工人 9 个人年[1]的工钱，或者相当于一艘三层桨座战船上 200 名船员一个月的工资。

最终，加图与恺撒公开决裂，后者步苏拉后尘，率领一支军团越过了卢比孔河，向罗马元老院宣战。当时，加图说了一句名言"Alea iacta est"（骰子已掷出）。剩下的就是尽人皆知的历史了：恺撒的军队起先经历挫折，最终在希腊的法萨罗击败了元老院军队。加图拒绝投降，并撤退到位于如今突尼斯的尤蒂卡。恺撒向加图及其盟军展开追击，并在塔普苏斯打赢了最后决定性的战役。加图拒

---

[1] 劳动量单位，指一个人在一年内完成的工作量。

绝被他的敌人活捉，后者会利用他获取政治利益。于是他做了件罗马人会做的事情：试图用匕首自杀。史学家普鲁塔克为我们讲述了接下来的故事：

> 加图并没有因伤当场死亡，而是挣扎着跌下床，撞倒了立在床边的一张数学用桌，仆人们听到了巨响，大叫了起来。他的儿子和所有的朋友立即赶到他的房间，只见他躺在血泊中，大部分的肠子流到体外，而他自己却仍然活着，睁着眼睛看着他们。在场的所有人吓得目瞪口呆，束手无策。医生上前去，想为他把没有被刺破的肠子放回体内并缝上伤口，但是加图慢慢恢复意识，并了解了医生的意图，一把将医生推开，拉出肠子，撕开伤口，马上就断气了。

恺撒闻此大为不悦，评论道："加图，我就像你怨恨我保全你的性命一样怨恨你的死亡。"你们应该可以领会到为什么塞涅卡认为这种人是真正的斯多葛派榜样了吧。

说了这么多克服酷刑、单独监禁或拒绝提供政治利益而剖腹挖肠的苦难，你可能会觉得斯多葛主义并非遥不可及，但确实要求严苛。我的同事、公共哲学家奈杰尔·沃伯顿在访谈中问我："在日常生活中呢？毕竟人们在日常生活中很少需要应对如此极端的情况，或表现出如此强大的勇气和耐力。"

这个问题问得好，但是答案却也简单不过：聆听完那些伟人的事迹之后，我们不仅可以从人类处事的极致中受到启发，而且间接地受到提醒：相比之下，我们大部分人的生活实际上是多么的轻松。既然如此，当你的同事被老板找碴儿时，挺身而出并不需要多大的勇气，不是吗？我的意思是，最坏的情况就是被炒鱿鱼，而不是被单独监禁、严刑拷打。既然我们不用冒着军事失败和自杀的可能来守卫荣誉，那么我们在日常生活中做出真诚的举动又有何难呢？反之，想象一下，如果我们每人每天都多拿出些勇气，多拿出些敏锐的正义感，多拿出些节制，多拿出些智慧，那我们的世界将获得多么大的改善。斯多葛派的冒险就是通过聆听诸如加图、斯托克代尔，以及我们在这里看到的其他人的事迹，从而帮助我们更好地看待事物——换句话说，**让自己成为更好的人。**

10　如何对抗残疾与抑郁

生活的基本目标并不是抛开轮椅。

——劳伦斯·贝克 [1]

- -

　　斯多葛派学说的目的在于帮助活着的人把生活过到极致，但这又有另一个问题：它是否也能帮助那些为生活所迫的人？不仅指那些陷入艰难处境的人，还有那些永远生活在艰难困苦之中的人——例如那些离不开轮椅的人或与精神疾病做斗争的人。答案是大致可以，至少在某些时候可以。哲学绝不是万灵药，我们不该抱有这种想法。

　　本章，我们将暂别好友爱比克泰德，去结识三位现代斯多葛派信徒，他们将通过自身的故事，向我们讲述哲学如何帮助他们应

---

[1]　出自贝克在国际脊髓灰质炎后遗症健康组织会议上的视频演讲。

对脊髓灰质炎、抑郁症、自闭症等疾病的后遗症。我们在前文已经见过,古人在教学时常常会举一些榜样的例子:从苏格拉底到半神英雄赫拉克勒斯,他们有的真实存在,有的则是源于想象。本章我们将遇到的人,都是现代斯多葛派的楷模,每当我们在生活中遇到大大小小的困难时,总能从他们的思想和行为中受到启发,并进行反思。

拉里 [1]·贝克是一位退休哲学教授,曾任职于威廉玛丽学院(College of William and Mary),写过一本现代斯多葛学派思想概论。也正是这本书让我头一次注意到他,后来我在纽约花了几个月同好友格雷·洛佩兹以及其他斯多葛派爱好者一起讨论书里的内容。对于没有哲学背景的人来说,想读懂拉里的书并非易事,而且他的写作风格可以说很不一般。书刚起头,他就将斯多葛派信徒称为"我们"。显然他已经很较真地将斯多葛派思想当作自己的人生哲学了。很快我便发觉自己完全没有意识到他有多较真!我有一位朋友,也是纽约城市大学的同事尼克·帕帕斯,他是一个"老哲学学者"(就是说他研究的是古典哲学,不是说他本人很老),一次我偶然发现他之前和拉里共事过,并且两人也是好朋友,所以在他的介绍下我认识了拉里。

拉里之前患过脊髓灰质炎,并在之后的几十年间饱受后遗症折磨。尼克向我讲述了他这位朋友克服残疾的影响,在教学和学术

[1] 劳伦斯的昵称。

生涯中大放异彩的英雄事迹。单凭拉里的这一背景，足以让我以一个全新的视角来看待他的书以及他对斯多葛派学说的兴趣了。通过拉里，我又了解了他为国际脊髓灰质炎后遗症健康组织所录制的一段视频，他在 2006—2009 年担任该组织的会长兼主席。我正是通过观看这段视频才完全明白为什么拉里·贝克会成为深得斯多葛派学说精髓的现代榜样。

拉里在十几岁时患上了脊髓灰质炎，当时是 1952 年，脊髓灰质炎疫苗还未研发成功，之后的很长一段时间他都在康复医院度过。起初他四肢瘫痪，需要靠铁肺[1]来呼吸。经过了两年半的康复治疗，他的双腿已逐渐恢复，但是手臂仍处于瘫痪状态。拉里的呼吸系统也受到了脊髓灰质炎的影响，并且随着年龄的增加每况愈下。拉里无法使用膈，所以只能靠颈部的肌肉来呼吸，每当他入睡后他就完全停止了呼吸，直到血液中二氧化碳浓度增加至一定量后，他就会被憋醒。他苦笑道："还真挺不方便的。"因此，在平时睡觉以及休息时拉里都会使用一个便携式呼吸机。在他年迈之后，多年前在康复医院里恢复的身体功能正在逐渐衰退，如今拉里无法进行正常教学，除非是一对一授课。

在视频的开头，拉里讲述了最开始他还可以不依靠轮椅，走路上下楼梯、出入教室。但到了 20 世纪 80 年代初，情况开始变糟，他害怕去上课或参加系部大会（嗯，人人都害怕参加系部大会）。

---

[1] 一种协助丧失自行呼吸能力的病人进行呼吸的医疗设备。

他最初的反应是不跟别人说话，尽量避免走路或爬楼梯。但他很快就意识到，自己需要费很大力气去应付的其实只是从办公室走到校园的短短四步路，当时他就坐在办公桌旁虚度时光，为外出和晚上回家忧心忡忡。

他起初觉得自己得了恐惧症，可能还伴有惊恐发作之类的症状。因此他去找专门做康复治疗的精神科医生。这位医生本身双目失明，他能从医学院毕业肯定吃了不少苦。他的办公室在一座老房子内，从停车场出来他先得走上五级不平整的台阶，进入走廊前还有四级台阶，而且一路都没有扶手。这可不是件好事。

拉里简单地介绍了自己的情况后，医生问他，在那一刻困扰他的是什么，拉里有点不耐烦地回答："我的烦心事就是待会儿怎么从你这栋楼走出去。"精神科医生平静地拿起电话，打电话给秘书，问大楼背后是否有通往停车场的斜坡，秘书回答有。"你现在感觉怎么样？"医生问道。

"这件事没问题了。"拉里答道。

之后，医生针对拉里碰到的问题提出了一系列可能有效的解决方案："你能换个办公室吗？""不能。""学校能为你建一个斜坡吗？""也许能。"医生告诉拉里自己之前坐地铁去医学院，身为盲人，他很怕地铁站台。"这种恐惧很合理，"他补充道，"所以你看到了吧，我选择了一座没有地铁的城市。"就在那时，拉里开始觉得自己有点蠢。他们学校确实为他造了一条斜坡，还给他配了一辆能用脚控制的轮椅。这件事很好地验证了理论之外、实践之中的斯多葛派学说。

拉里经过反思后认识到：这种事情在自己的一辈子里没少发生过，但同样的事情也会发生在任何人身上，无论他们是否残疾。这促使他提出了一些建议来帮助人们建立一种关于生活的个人哲学，无论这些人是否残疾。

第一，拉里意识到了主动力的重要性。对他来说，感觉自己不是病人，而是在世上具有主动权，这是至关重要的事情。然而，他必须完成一些艰巨的任务——例如，首先**要做一个能够主动影响世界的人**。我们的生命从没有自理能力的婴儿（他称为"入门级人类"）开始，当时的我们都算是"病人"，完全依赖于他人。慢慢地，在摸爬滚打中，我们学习如何去主动影响世界。当我们长大成人，掌控自我人生，索取并获得了自己的主动力（所有这些，都与我们现在熟悉的斯多葛派道德发展学说完全符合）。对拉里来说，最具毁灭性的残疾，使我们的主动力被严重限制或完全剥夺。然而，他说，即使脊髓灰质炎使你完全瘫痪，瘫痪本身也不会永久剥夺你的主动力，只不过你可能要像他那样，缓慢而艰难地把它重新夺回来。事实上，他将应对残疾这件事，看作重新夺回主动力的过程。拉里指出，在你重新获得主动力后，你的地位和其他人一样，你必须成为主动影响世界的优秀的人。他说，这需要将下列因素组织起来：价值观、偏好、目标、思考、决定、行动。如果这些要素不连贯、不完整或较弱，那么无论你身体状况如何，你都会陷入瘫痪。如果你为了尝试多种选择，而没有全心投入去做一件事，那你也会因为优柔寡断而陷入"瘫痪"。现代认知科学表明，面对餐厅菜单上太多的选择，或看到 4S 店里停放着大量的新车，都不是什么好的体验。更复杂的是，世界本身也在变，这要求我们不断对目标、决定、行动进行调整。换句话说，我们要学习如何在不断变化的环境下保持主动力。就像航空公司的飞行员，我们要不断学习新的技能，不同的是我们无法奢侈地先在模拟飞行器上演练学习。人生只有一次，我们必须通过"空中实战"来学习，而不是在安全的环境中通过模拟学习。还有一件更让人紧张的事：我们驾驶的这架飞机上，通常会有我们十分在乎的人！

第二，我们要关注的是人的健全能力，而非残疾。拉里已经学会忽视他的残疾，或者至少把它看成不可取的无关紧要之物。这就需要掌握一些其他的技能，比如心无旁骛地把注意力集中在能力上。对于每个人来说，重点应该放在我们能做到的事情上，而非我们做不到的事情上。**与其说"我做不到"，不如说"我是否能换个方法来做"。**

我们还需要实践苏格拉底布置的任务："认识你自己。"认识我们的生理与心理能力——包括认识我们的极限。对自己的能力抱着无知（甚至自欺欺人）的态度是非常危险的。我们要对自己所能做到的事保持最新的、最准确的认识。这不仅取决于我们的能力，也依赖于不同时期我们所处的特定（和可变的）物质环境及社会环境。拉里还建议我们训练自己去察觉自身能力和行为之间何时会失调。我们必须建立一套所谓的内部警报系统，它能告诉我们什么时候应该放弃隐忍，开始（或重新）由自己做主。拉里从经验中学到，认识自我十分困难，不仅需要很多实践，也需要客观看问题的能力。

第三，我们要制订人生规划。为此，我们必须总览人生，制订计划，得出"将一切都列入考量"（哲学家都喜欢这么说）的结论。这不是让你早早地找出自己一辈子想做的事，然后按部就班地实施计划，这种模式的计划十分幼稚。相反，拉里建议我们养成一个习惯：思考什么事对我们至关重要和做这些事的最佳方式是什么，并根据我们的能力和环境的变化不断修正生活计划。我们的这份动态计划，应该前后连贯、志存高远、切实可行、可以修订，最好还能带来生活满意度的普遍提高。在他自己的例子中，拉里承认，由于他没能在20世纪80年代末把事情看清楚，他选择排斥自己脊髓灰质炎的后遗症；如果他当时能从一个更客观的角度来看待这件事，他会对自己说"害怕爬很长的楼梯也许是理所当然的"。

第四，我们应当尽力做到内心和谐，即不断做出努力，协调我们的（动态）生活计划的各个组成部分。我们要协调精神体验和理性体验，协调欲望和需求，协调理智和行为。"对于我个人而言，我更想过和谐的生活，而不是成为传记作家、记者或狗仔队笔下的一则趣闻。"拉里睿智地说。

最后，拉里提醒我们：要当心难以逾越的"**高墙**"。我们碰壁的时候，得知道它的存在，最好能在狠狠碰壁之前就看到迎面而来的这堵墙。根据拉里的说法，诀窍在于**知道何时退出**：早一分钟也不行，晚一分钟也不行。避开那堵墙不仅需要我们在一生中不断了解自己的能力，还需要我们确定挡在自己面前的确实是堵墙，还是看起来像堵墙。"如果它只是一个幻象，那么你就可以通过它；如果不是，那你就得想方设法规避它，或者彻底改变前进的方向。"他补充道，问题是我们似乎很难分辨哪些高墙值得担心，哪些应该试着拆除。拉里处理这个问题的方法是**回溯本源**。首先，他会寻找自己的基本人生目标，自己所承担的义务：对结婚 46 年的妻子以及他俩共同生活目标的义务，对完成他职业目标的义务，对为所有人创造一个真正意义上物质丰富、友好的社会环境所承担的义务。只有当这些义务岌岌可危，遇到一堵真正的高墙并且狠狠碰壁之后，才会愿意停止。

在拉里看来，不从残疾人通道上走并不在考虑范围之内："不依靠轮椅做事并不能算基本的人生目标。"拉里的话已无须我赘言。我对于他这样一个严肃的学者，坚定的斯多葛信徒，一个在极其艰难的环境中将自己的哲学理念付诸实践的人，打从心底怀着敬畏之情。当下次我自以为碰壁的时候，会试着体味拉里的话，我面前的高墙很可能只是我自以为是想象出来的幻觉。正如爱比克泰德的那句名言："一忍再忍。"

运用自己的哲学处理困境的第二位现代斯多葛信徒，是安德鲁·奥弗比，而他对抗的是抑郁症。和拉里的情况不同，我直到现在还没见过安德鲁本人。我并没有主动去认识他，而是和他通过博客和社交网络有来有往地聊起来的。当然,读者应当谨记,在所有这些例子中,我绝对不是站在个人经验的角度来说的:到目前为止,我的命比较好,并没有经历过上面提到的艰难处境。但是,人类的伟大之处就在于不仅可以面对面交谈,而且可以借用文字的力量交流思想和情感。虽然我们永远无法知道对方的切身感受,但我们确实可以获得足够的理解而产生同理心。

安德鲁从他的角度描述了他这种情况下斯多葛派学说能做些什么。再次强调,这一描述并非来自我这种从未经历过抑郁症,只能给那些处境艰难的人提供理论建议的人。相反,安德鲁的例子淋漓尽致地展现了何为实践哲学——独自努力研究、甄别如何解决自己的问题,并得出结论。和拉里的看法一样,安德鲁绝不认为斯多葛派哲学能以某种神奇的方式治好抑郁症。然而他确实发现,实践斯多葛派学说对自己大有益处。

首先,他说罹患抑郁症的人都有一个大问题:总会持续关注自己和自身心理状态。而斯多葛派训练人们做的事,就是关注他们自己的反应,并且带着批判的态度去思考自己是如何感知世界、诠释世界的。

安德鲁写到了自己如何邂逅斯多葛派学说,他那时才 24 岁,当时的他备受抑郁症折磨。他之所以会患上这种病,部分原因正是他逐渐意识到自己对人生和世界的期望在一边,他自己的人生和面对的现实世界在另一边,两者之间隔着巨大的鸿沟。这种意识似乎像是对生活的重新评估,也像是一种让自己在一定程度上放弃执着的尝试。安德鲁开始读有关斯多葛派的书，因为他听说该派学说和佛法有很多相似之处；此外还由于他在参观阿肯色州的克林顿图书馆时，发现克林顿总统高度评价了马可·奥勒留——那位一向信奉斯多葛派的哲学家皇帝。（在比尔·克林顿的生活和政治生涯中，他表现得像不像一个斯多葛？我将这个话题开放供大家讨论。）安德鲁对此十分好奇。此外，斯多葛派学说的一个目标是**实现安宁**（在罗马时期尤其如此），这对任何人而言都是有益的，对深受抑郁症折磨的人尤其受用。斯多葛派试图通过培养积极情绪，关注并摒除消极情绪来实现这个目标。（我们会在后面仔细研究一下这些技巧。）吸引安德鲁的，还有斯多葛派团结他人的精神，拒绝身外之物的执着（而身外之物恰好塑造了这个消费过度的社会），以及强调对他人负责和对逆境泰然处之的态度。

通过了解斯多葛派学说，安德鲁学到了**将抑郁转化为优势**。他解释道："抑郁的人自我意识都很强。确实，他们的自我意识太强，而且过于消极，所以经常因为和自己的理想稍有不符，就看不起自己。即便他们认为自己所在的世界充满缺陷，还特别浪费人力资本，也会担心自己不够完美而情绪低落。抑郁还有一部分原因是对过去的失败纠缠不休，不断回忆曾经发生过的事情或所处的环境，更有甚者，彻底丧失自信。这种思维方式与我们当下还不错的结果是对立的——大多数时候是这样。它会造成当下的失败，并恶性循环，周而复始，难以断绝。一次失败会导致下一次失败，而下一次失败又会导致更多次失败。"

安德鲁一旦意识到消极思维和抑郁症之间的联系，立马回想爱比克泰德的**控制二分法**。我们能控制的事包括我们自身的决定和行动；我们控制不了的事情，包括我们身处的环境、他人的想法和行为。当然，不是说一个人抑郁了，读一读《论说集》或《手册》里类似的内容，就能"哗"的一下子什么事都解决了。但是，安德鲁依然不断阅读，不断反思。的确，斯多葛派教导我们，如果要改变自身行为或内心感受，必须经过多次刻意的重复才能达成——许多现代心理疗法已经证实，这是治疗抑郁症等疾病的有效方法。

安德鲁发现斯多葛派学说还有一个特别有益的地方：他们强调**把逆境当作生活的训练场**。在比尔·克林顿极力推崇的《沉思录》里，马可·奥勒留对这一观点的阐述或许已经无与伦比了："面对突如其来、意想不到的攻击，需要严阵以待，就这点而言，生活的艺术与其说像舞者的舞蹈，不如说像摔跤手的搏击。"在一场生活的摔跤比赛中，斯多葛派勇对逆境，把生活看作摔跤场上的对手，这个对手的目的不是（一定要）击败我们，而是让我们保持警觉；斯多葛派渴望与敌手对峙，因为这是自我提升的途径。正如现代斯多葛派学者比尔·欧文所说："我在实践斯多葛派学说过程中最有趣的自我提升，就是我从一个惧怕侮辱的人摇身一变，成了侮辱鉴赏家。一方面，我会搜集侮辱——遭到侮辱时，我对其进行分析、归类。另一方面，我盼望着被侮辱，因为它给我机会，让我打好'侮辱比赛'。我知道这听上去有点儿怪，但是实践斯多葛派的一个结果就是，你会寻找机会把斯多葛派的方法付诸行动。"没错，是挺怪的，但我可以证明，那种获得解放和力量的感觉是真的，安德鲁也一样。

安德鲁的亲身体验，还强调了斯多葛派实践里另外两点对抑郁者有帮助的地方，其中一个乍听起来会让人觉得有点反常。第一个方面，就是爱比克泰德坚称我们应该审视"第一印象"——我们对呈现在我们面前的事物的第一反应，而且要明白在很多情况下这些事和我们的印象是有出入的。想想欧文的"侮辱比赛"：人们所说的不过是他们的观点，可能有理有据，也可能含血喷人。无论说话者的态度如何，要不要将他们的言论理解为侮辱，完全取决于我们自己。有人叫我胖子，我小时候的确没少被人这么叫过。那么，如果他说的是真的，会怎样？我在生命的某一个阶段的确胖过。在这种情况下，为什么要觉得别人冒犯了我呢？别人是在陈述一个事实，这难道也能算侮辱吗？反过来说，假如他们说的不是真的，又能怎样？那个想侮辱我的人很幼稚而且不懂事。这样的话，又怎么能伤到**我**呢？相反，他才是这场冲突里的失败者。爱比克泰德用善意质询的方式对我说了下面这段话："站在石头旁边骂石头，效果如何？如果一个人面对诋毁，像岩石一样岿然不动，那诋毁他的人又能得到什么呢？……'我对你做了坏事。'希望对我做坏事能对你有所帮助吧。"

安德鲁说的第二个很有用的方面——有些出人意料——就是现代斯多葛派所说的"想象消极的事"。作为又一种被现代认知行为疗法和其他心理疗法采用的基本思想，它要求人们经常关注可能会发生的糟糕情况，还有不断提醒自己事实并没有看起来那么糟，因为你拥有解决它们的内在力量。想象消极的事的练习，就是古罗马人所说的"坏事预演"（premeditatio malorum），比如把注意力放在被人超车这种小事上，或者关注爱人死去甚至自己死去这种大事上。

眼下的问题是，除了抑郁症患者，什么人会故意去想象最坏的情况呢？一方面，有研究实证表明这确实有效：想象消极的事，能让我们减少对其的恐惧，并在危机（假设有）到来之前做好应对的心理准备。另一方面，每当坏事最后没有来临，我们在晴日悠闲地驾车兜风，或享受与爱人相伴之乐时（因为他们还活着，活得很好），会油然生出一种全新的感激。

至于第三位现代斯多葛信徒，我甚至都不知道此人的姓名，我读到的文章是匿名的。而且我肯定无法理解她（简单起见，我假定这是一位女性）正在经历的事情。在写这篇文章的十年前，她被确诊为自闭症谱系障碍（ASD）。意识到自己的学术梦想就此终结，她患上了抑郁症——不是因为这是她从事历史学家或相关工作的外在障碍（虽然这些障碍也十分难以克服），而是因为她内心的障碍：她根本无法应对现代学术界的社会环境。确实，她的生活被害怕失败和缺乏自信所占据，最终，她进了精神病院。她出院后，重新发现了斯多葛派学说。她小时候看乔斯坦·贾德的《苏菲的世界》（一本青少年哲学畅销书）时读到过这个流派。如今她在谷歌搜索"认知行为疗法"寻求帮助，接着发现了一个实践这种疗法的网站，了解到这种疗法可追溯到佛教和斯多葛派学说。

她开始阅读，最后发现与她内心共鸣最大的斯多葛学者正是罗马剧作家、演说家塞涅卡。（我发现现代斯多葛有一个特点，可以当作奇闻异事来讲：根据每个人不同的性格，我们基本都会找到一个自己最喜欢的古代斯多葛学者，并会被他阐释哲学的独有方式所吸引。而我最爱的斯多葛学者当然是爱比克泰德。）塞涅卡在文章里谈到自我认识，他认为有时候我们自我提升最大的阻碍就是自己：我们知道自己应该去哪儿，自己想去的地方，却无法下定决心踏上旅程。这个观点明显引起了这位匿名作者的共鸣："一些谱系障碍者的问题是知道什么对自己有益。据报道，一些自闭症患者大半辈子都找不到人生目标。"

斯多葛派哲学让这位自闭症作家感同身受的第二个方面，是塞涅卡对于人类存在的社会维度的坚持。在一篇著名的文章中，他说道："我们彼此之间的关系就像石拱，如果不相互支撑，就会坍塌。"以一种有效的社交方式同他人建立联系，仍是这位作家面临的最大挑战，但至少，在斯多葛派学说的引导下，她头脑中有了更为明晰的目标。并且，就像她每次寻求帮助时塞涅卡反复对她说的那样："我不知道自己能不能进步，但我宁愿不成功，也不愿没有信念。"

我上面探讨的三个案例有几个基本的共通点：对于拉里、安德鲁、匿名作者来说，斯多葛派学说引发了他们观念的革命，深刻改变了他们看待生活的方式。重要的是，这正是斯多葛派哲学所要做的事。所有重要的斯多葛派作家，都坚持认为我们必须反思自己当下的处境，切实地用不同的，更理性、更有同情心的眼光看待事物。不，理性和具有同情心这两项要求绝不矛盾，至少在斯多葛派的眼中绝不矛盾。这种观点的转变帮助人们更好地应对他们的处境。可以预见的是，斯多葛派学说经常被指责为助长了消极接受的风气——即便事实上，我认识的斯多葛多数都是行动派，他们一心要尽自己所能让世界变得更好。无论如何，应对问题是人类的一项基本技能，因此受益的显然不限于坐在轮椅上的人、抗击抑郁症的人，或者患有自闭症的人。应对问题的方式，对我们所有人都很有用，因为我们总会在生活中遇到困难，最后不得不妥协。

最终，以不同的方式看待（进而理解）事物，以及由应对的能力获得的新力量，将这两者结合有时会为问题的解决开辟前所未见的新道路——正如那位精神科医生对拉里（他后来觉得自己有点蠢）提出的几个明显能解决问题的方案，结果有些非常实用。斯多葛派学说不是什么前沿科技，但即便在本章提到的这些极具挑战性的情况下还能顺利解决问题的哲学，确实值得我们关注，也许还值得我们将它付诸实践。

第三部

认同原则：随机应变

11　假如我们非死不可

我非死不可，是吧？如果让我现在死，那我马上就去死。如果让我待会儿再死，那我先去吃饭了，因为饭点到了。吃完饭，时间一到，我自然会去死。

——爱比克泰德，《论说集》1：1

　　古代斯多葛派非常关注死亡。其实，"关注"这个词在这里恰恰用错了，他们是意识到了"死亡本身"以及人类对死亡的重视，而他们对于死亡的观点又很不一样，而且鼓舞人心。

　　我必须承认，我与爱比克泰德就这个话题进行了一次深刻的长谈——对于死亡的思考曾深深困扰着我。的确，曾经有段时间我几乎每天都会思考死亡，有时一天还不止一次。若你因此觉得我是一个闷闷不乐、郁郁寡欢的人，那你错怪我了，正相反，我一直对生活秉持较为乐观的态度，无论命运女神赐予我什么，我都用心享受并尽力做到最好（她给了我许多东西，对此我心存感激）。此外，作为一名生物学家，我深知死亡是一种自然现象，由我们的祖先在亿万年前选择的演化道路所致。（例如，如果我们是细菌，我们就不会死于年迈，而只会死于变故；同样，我们也不能发展人生哲学。）尽管如此，想到有一天我的意识终将不复存在，还是会让我心烦意乱。而自从我第一次读到本章开头爱比克泰德的这段话，一切便有了变化。当时我不禁大笑出声，心想，**竟然能如此轻松地看待这件对多数人来说可怕至极的事，真是难以置信。**

爱比克泰德跟我解释了我的烦恼之源："1 阿斯（阿斯：古罗马重量单位，1 阿斯约合 373 克）的小麦为何会从地里长出来呢？难道不是为了在阳光下成熟吗？因为麦粒并非天生就和植株分离，成熟难道不是为了收割吗？如果小麦也有情感，它是否应该祈祷不要被收割呢，但祈祷永远不会被收割，对小麦来说是一种诅咒。同样，如果祈求一个人不要死去，对他来说也是一种诅咒，就像祈求小麦不要成熟，不要被收割一样。人类的命运就是要被收割，我们也意识到这个事实：因为我们命定如此，所以我们感到气愤；因为我们既不了解自己，也不像驯马师研究与马有关的事一样研究与我们人类有关的事。"

这段话很有趣，爱比克泰德提出了三个相关联的观点。

第一，我们与其他生物一样：正如玉米穗注定会在阳光下成熟，我们也注定会面临"收割"。相较于今天的大多数人，斯多葛派比较倾向于从字面上看待"命运"，因为他们相信某种宇宙的意志。但即使从完全现代科学的观点来看，我们也仅仅是一颗宜居行星上数以百万计的物种中的一员，而在宇宙中这类行星可能有数十亿颗。

他讲的第二点至关重要：我们之所以会对将来要死这一事实忧心如焚，也许是因为我们拥有深入思考这个问题的能力，这是玉米和其他大多数物种所不具备的。当然，知道某件事并不能改变它的本质——只能改变我们对它的看法。所以，这条思路又回到了斯多葛学派**控制二分法**的基本思想：死亡本身并不受我们的控制（它不以这种方式发生，就会以那种方式发生），但如何看待死亡，肯定在我们的掌控之中。因此，这也是我们可以努力且需要努力的方面。

第二点又引出了第三点：首先，将研究人类事务和研究马相提并论。爱比克泰德提醒我们，倘若我们害怕死亡，那是出于无知：如果我们能够像驯马师了解马一样对人类自身状况做到进一步了解或真正意义上的理解，那我们面对死亡的态度将有所不同。

尽管跟我讲了那么多，爱比克泰德发现我依然没有完全信服，就像所有好老师在碰到一个抓不住重点的好学生时会做的那样，爱比克泰德改变了策略，对我说："你有没有意识到人类的罪恶、悭吝、懦弱的根源并非死亡，而是对死亡的恐惧？面对这种恐惧，我要你训练自己，动用你全部的理性、所受的教育和训练来对抗这种恐惧；接着你会明白，只有这样，人类才能获得自由。"其他斯多葛派学者（如塞涅卡），还有后来受到斯多葛派影响的蒙田等人都接受了这个观点——如果说哲学对我们有好处，那这种好处就在于**它给我们展示了应该如何尽力过好生活，以及应该如**

何接受不必畏惧死亡这一事实，从而帮助我们更好地理解人类所处的状态。即使是斯多葛派的劲敌——伊壁鸠鲁派也完全同意这一观点。正如他们的创始人伊壁鸠鲁在《致美诺西斯》中所写的："因此，死亡作为所有罪恶中最可怖的一种，对我们来说无足轻重。你们要知道，我们活着的时候，死亡并没有来，当死亡来时，我们已告别人世。"

我觉得，问题的关键并不是死亡，而是死亡的过程，因此我问爱比克泰德，如果我生病了怎么办？"那就好好忍受病痛。"当然，但谁来照料我呢？"神，还有你的朋友。"但我就要躺在硬邦邦的病床上了。"但你可以表现得像个男人。"我没有像样的房子住。"就算你有，你也会生病的。"他确实是一位严厉的老师，对吧？但现在，所有这一切都完全符合斯多葛派学说的理论框架，对吧？人会生病是事实，而且对我们绝大多数人来说，还会被某种疾病夺去性命。如果我们身边还有朋友、亲人陪伴，我们就应该庆幸，因为这意味着我们已经活得足够体面，能与其他人维持着某种关系。我们身边的人，不能治愈我们的疾病或救我们一命，但他们可以陪我们一程，在我们抵达鬼门关前安慰我们。当然，我们人生之旅最好在一间像样的房子里，在一张柔软的床上结束，但是说实话，与那件将要发生的、值得我们全情投入的事相比，这些都只是鸡毛蒜皮。

我继续说道："所以，死亡将不可避免地降临。""你说'死亡'是什么意思？"爱比克泰德纠正我，"不要粉饰它，你应该陈述事实。那是你的物质部分回归基本元素之时。那有什么可怕的？这件事对于宇宙而言，有什么损失吗？这件事很奇怪、很荒谬吗？"爱比克泰德又一次用令人心安的语调平静地推理着；又一次让人从更广的视角看待事物，而不是仅仅关注自己。天文学家卡尔·萨根是我小时候的科学偶像，他让我们去反思这一事实：其实我们都是粒粒星尘——构成我们的化学元素，是由一颗超新星在太阳系附近的某处爆炸后形成的，经过数十亿年的演化，这些物质变成了组成我们身体的分子。这个想法奇妙无比，令人赞叹。与之相对，爱比克泰德说："我们将再次回到尘埃，将组成我们身体的化学元素进行回收，允许新的生命在宇宙的变化中接替我们。不管宇宙变化是否有意义或者宇宙是否自在永存都无关紧要。无论怎样，我们来自宇宙尘埃，也将归于宇宙尘埃。总之，这一点让我们尤其感激自己活着有吃有喝、相亲相爱的时光，虽然从宇宙的角度来看，这段时间转瞬即逝。因为这段时间终期于尽而遗憾难过，不仅毫无道理，而且毫无用处。"

然而，有些人完全不信这些。相反，许多技术乐观主义者觉得死亡是一种疾病，可以治愈，于是投入大量资金用于这一研究。从广义上来说，他们称自己为"超人类主义者"，其中不少人是白人男性富翁，来自世界顶尖科技公司所在地——硅谷。其中最有名、最有影响力的一个人或许当数雷·库兹韦尔（Ray Kurzweil），作为一名未来主义者（那些认为自己能够研究和预测未来的人），他目前在谷歌工作，开发了一款能理解自然语言的软件。

库兹韦尔已经取得诸多重要成就，例如开发了第一套全能光学字符识别系统。在本书撰写之时，68 岁的他已经力挺了一个观点很久——我们可以通过把意识上传到计算机的方法得到永生，他声称这一方式现今随时都有可能成功。的确我们最好在所谓的"奇点"来临之前掌握这一技术。"奇点"是数学家斯坦尼斯拉夫·乌拉姆（Stanisław Ulam）提出的一个数学概念，用于描述计算机超越人类，独立地（甚至抛下人类）推动技术进步的时刻。

　　我在这里并不想解释为什么在我看来有关"奇点"的一整套理论从根源上看是误解了智能的本质，也不想解释为什么把人的意识"上传"到计算机这件事完全是无稽之谈，因为意识既不是什么东西，也不是某种软件。我更感兴趣的是库兹韦尔这种人和他身后那些邪教徒般的追随者行为上的肆无忌惮，他们觉得自己无比重要，可以像神一样超越自然法则，而他们从没想过，他们挥霍掉的大量金钱和精力，原本可以用来解决世界上更多实际而紧迫的问题，也没想过他们一旦成功（假如吧），将对伦理和环境造成多大的灾难。究竟谁才能顺利运用这种新技术？花费的代价又是多少呢？假如我们做到了肉身不死（超人类主义者的另一个期望），那我们还会继续生育后代？如果答案是肯定的，那如今已经满目疮痍的地球怎样满足不断增长的人口对自然资源的渴求？怎样处理源源不断的生产废物呢？哎呀，我们要向地球外扩张！要去其他星球殖民！尽管我们现在还不知道银河系的什么地方宜居，也不知道宜居的星球怎么过去，不过不用担心啦……随着我对超人类主义思考越来越深入，就愈发觉得希腊人为这种思想专门发明的单词 Hubirc[1] 是如此恰当。

在我看来，不管付出什么代价，也不管他们在参加过程中获得了多少特权，像库兹韦尔这样的人只是不愿意离开派对。出于这个原因，我能想象他和爱比克泰德会发生如下对话："不，我还想继续欢宴。""没错，那些密教之人[2] 也想继续仪式，那些奥林匹亚的人也想继续看新的运动员出场，但庆典已经落幕。以感恩、谦和的心情离开吧，为他人腾出空间来。其他人一定也会应运而生，如你一般，一旦出生就需要空间、住宅、生活必需品。但如果先到的人不离开，那能留给他们的还剩下什么呢？为什么什么都无法让你满足、让你满意？为什么你要挤占世界的空间呢？"这一对话引出了这一章第二个话题，这一话题更为微妙，也引发了斯多葛派很多的思考。在我看来该话题——自杀与我们现代人息息相关。

2016 年 7 月 23、24 日是一个周末，表演艺术家贝齐·戴维斯举办了一场聚会，30 多位亲朋好友齐聚一堂。聚会十分欢乐，人们拉着大提琴，吹着口琴，喝着鸡尾酒，吃着比萨，还欣赏了贝齐最喜欢的电影《现实之舞》(La danza de la realidad)。星期天日落之前，客人陆续告别离去，贝齐在视野开阔的门廊上看了夕阳。不久，在看护人、医生、按摩治疗师和她妹妹的陪同下，贝齐喝下一杯医生开的

---

[1] 意思是"通往毁灭的狂妄野心"。

[2] 希腊罗马世界的宗教教派，该教派信徒会参与隐秘神圣启蒙仪式或秘仪。

混合了吗啡、戊巴比妥、水合氯醛的鸡尾酒，平静地离开了人世。

要知道，贝齐罹患肌萎缩性侧索硬化症，又称渐冻症、葛雷克氏症。她几乎完全无法控制自己的肌肉；在 41 岁时，她不但无法表演，甚至不能自己刷牙或挠痒，更别提站立了。她说话口齿不清，要经过翻译转述。多亏加州最近颁布的准许协助自杀的法案，让她能带着尊严离世。我将她美好而揪心的人生讲给爱比克泰德听。他平静地回答："一件事若对你无益，门是开着的；若对你有益，那就忍着吧。因为不论遇到什么事，门都是开着的，所以我们不必烦恼。""敞开的门"是每次他想谈论自杀时对学生用的标准措辞。看我困惑不解，他解释道："假如有人让屋内烟雾弥漫。如果烟不是很浓，我会留下；如果烟太浓，我会出去。一个人必须牢牢记住，门是开着的。我接到命令，'不要住在尼科波利斯。'那我不住。'也不要住雅典。'我放弃了雅典。'也不要住罗马。'我放弃了罗马。'住在伊亚罗斯岛。'我于是住在了伊亚罗斯岛；但对我而言伊亚罗斯岛相当于一个烟雾弥漫的房间，所以我，去往一个没人能阻止我去住的地方，一个对所有人都开放的地方。"

在我们更进一步探讨这个话题之前，请允许我插播一个伊亚罗斯岛的历史趣闻，显然爱比克泰德认为在这里你会度过一个相当困难的时期，甚至真的会想要走出那扇"敞开的门"。伊亚罗斯岛是一座希腊小岛，属于基克拉泽斯群岛中的一座，古罗马人将这里用来流放政治犯。其中一个被流放者，不是别人，正是鲁福斯——爱比克泰德的老师，据称他参与了"皮索尼安阴谋案"（该指控应属捏造），被皇帝尼禄流放到了这里。（这也是他第二次被流放。）把人流放到小岛（当然是特别荒的那种岛）上的做法后来被 1967—1974 年掌控希腊的独裁军政府所用。在这一时期，左翼知识分子充当了斯多葛的角色，他们中有 2.2 万人被送往那里。不管伊亚罗斯岛的条件多么艰苦，应该说，鲁福斯可能甚至比爱比克泰德还要坚强，因为他没有走出那扇门，而是在岛上等待，直到被召回罗马。

再回到爱比克泰德，在本章开头引用的那段话中有许多值得注意的点。首先，他明确表示，是否穿过那扇"门"完全取决于你的个人判断，还要具体问题具体分析。**如果**情况**对你来说**确实难以忍受，那么你有权离开。其次，重点是这扇"门"必须一直敞开，这样我们就没有后顾之忧了：恰恰因为总有一条后路，我们才能承受住生活中的艰难困苦。正如在斯多葛眼中，死亡本身会给生活带来迫切的意义，自愿离世的可能性，让我们有勇气在难以忍受的情况下做出正确的选择。最后，要注意离开的"命令"是谁发出的。研究爱比克泰德的学者表示：在这里，他用了一种十分微妙的方式来谈论神的意志，和他之前的话一样，这种表达无论是在宗教典籍还是在大众读物里都是普遍受用的。

回忆起来，爱比克泰德比其他斯多葛信徒更相信天意，即"**宇宙的总计划**"。然而，该计划并非由某个会回应祈祷或关心个人命运的人格神来制订。爱比克泰德运用另一个类比向我解释了这个概念："（例如）脚这个东西，我会说保持脚干净是天经地义的事。

但如果我们把脚看成人体的一部分，而不是割裂来看，那么它行走在污泥中，踩踏在荆棘上，有时为保护整个身体而被锯掉都是合适的；否则它将不能被称为脚。我们必须以同样的眼光看待自己。"这就解释了为什么有人会感受到某种"召唤"——让自己脱离宇宙的总体。但是我们怎么才能感受这种召唤呢？我们如何解读宇宙的意志呢？当然是运用理性。因此，审时度势，确定自己是否听到了所谓"宇宙的召唤"，完全由我们说了算。换言之，是穿过敞开的门走出去，还是留下再抗争一天，我们自己的判断终将给出答案。

作为实践派哲学家，斯多葛派学者通过反思过去来调整他们做出判断的能力，就像贝齐·戴维斯的故事让我反思疾病和死亡一样。有关斯多葛派信徒自杀的记载，最早可以追溯到该派的创立者——塞浦路斯的芝诺。第欧根尼·拉尔修在《名哲言行录》中对芝诺之死讲了很多不同版本（当然真相只有一个）。有人说，芝诺晚年时身体虚弱，痛苦不堪，自知不能再贡献社会，选择绝食自尽。这件事可真可假，但相当重要，因为它引入了一种观点：在某种情形下，斯多葛学派信徒可以选择走出那扇敞开的门，因为他们的创始人就有可能这么做过。

关于斯多葛派的传说还有许多这样的例子，但我只列举两个，以拓宽我们探讨话题的视角。一个是我们前面已经讲过的小加图，他为了不落入恺撒之手，真的把自己的肠子扯了出来。另一个例子是塞涅卡，他甚至在斯多葛学派内部都饱受争议。考虑到塞涅卡与尼禄政权的关联，他把自己的哲学践行到何等程度，这并不明朗。

塞涅卡被后人刻画成多种形象，从伪善的阴谋家到世俗的圣人，不一而足，而他的真实面目可能恰恰就介于两者之间：他是一个有缺点的人（就像他自己文章里反复写的那样），他在几乎不可能的情况下竭尽所能。塞涅卡成功地指导了尼禄，有效控制了他统治前五年的损害，虽然最终他还是对这位日益神经错乱的皇帝失去了控制。无论如何，正像刚才提到的，他被怀疑参与皮索尼安阴谋案，导致鲁福斯被流放，当然罪名也可能是捏造的。塞涅卡接到尼禄让他自杀的命令，并且依言照做，享年69岁。他本可以抵抗（也许是徒劳），尝试逃跑，或者像某些人那样摇尾乞怜。但是，他选择了一条不失尊严的出路，这是为了他所秉持的正直，也是为了保留一小部分家族财产，留给自己幸存的亲戚。

我列举了芝诺、小加图和塞涅卡的例子，都是以史为鉴，因为他们的故事说明了走出那扇敞开的门的三种不同的原因。芝诺是由于难以忍受的痛苦与日俱增，此外他还认为自己已经对社会百无一用——贝齐·戴维斯也经历了类似的情况。小加图为了捍卫政治事业，坚守原则，走出敞开的门。塞涅卡为了维护个人尊严和保护幸存者，采取同样的措施。（詹姆斯·斯托克代尔也可以作为一个例子加入他们的行列。）时至今日，以上部分自杀原因依然在军事、道德、医学领域有争论，因此，斯多葛派对于促进我们发展世界观具有巨大贡献。我们当然把舍生取义之人视作英雄，也有越来越多的国家允许，或者至少考虑安乐死的形式（例如，加利福尼亚州立法者制定并合法化的那种形式），用以帮助那些感觉自己的生命走到了尽头的人（早在23个世纪以前，芝诺就是这样的）。当然，这些观点颇具争议，因为政治自杀可以像加图（或斯托克代尔，假设他成功做到的话）那样正义凛然，但也可能会像当今的人肉炸弹那样令人胆寒。此外，以我们自己的方式结束生命在一些人看来是我们被赋予的权利，在另一些人看来却是在亵渎神圣不可侵犯的生命。

而这样的方式也会存在危险，即有人可能毫无理由地自杀。斯多葛派基本理论绝不能用于诸如精神病患者这样的人群身上，需要的是恢复，而不是结束生命。同样，斯多葛派信徒也绝不认同因琐事而自杀。例如，1774年歌德出版《少年维特的烦恼》之后，许多年轻男性幻想自己是现实版维特，盲目效仿自杀。因此，该书在许多地方被禁。1974年，社会学家大卫·菲利普斯创造了"维特效应"一词，用来指代所谓"自杀传染"的普遍现象，这一现象通常是由名人自杀、小说中的自杀情节或其他原因引发。

永远的智者爱比克泰德意识到了这种危险，明确对我表示轻视自己的生命绝不是斯多葛派作风："让我来描述一下那些被灌输错误理念之人的精神状态吧。例如，我的一个朋友无缘无故要绝食自尽。当我听说的时候，他已经绝食两天了。我问他发生了什么。'我意已决。'他说。好吧，但是尽管如此，是什么原因让你如此决定？若你的决定是对的，我们会支持你，帮你离开人世；但如果你的决定有违常理，劝你还是再想想吧。'人必须遵从自己的决定。'老兄，你在做什么啊？你要遵从你做的正确决定，而不是所有的决定。"爱比克泰德补充道："好好活着，别有事没事就轻生。"

12　应对愤怒、焦虑、孤独

无论我去往何处，陪伴我的有日月、星辰、预兆，以及同诸神的对话。

——爱比克泰德，《论说集》3：22

世人常常讽刺哲学家，说他们孤芳自赏，永远闭门造车，捣鼓一些大家都不感兴趣的东西。更有甚者，认为哲学家是狡猾的骗子，装模作样，故作深沉，实则搬弄一些晦涩难懂的语言以散播琐碎荒谬之事。早在公元前423年，伟大的希腊剧作家阿里斯托芬就在作品《云》中取笑过苏格拉底，将他描绘成一位诡辩家（这个词从古至今都绝无褒义）。不过时年45岁的圣贤苏格拉底，显然对此泰然处之。据说当时一些外国人看这部剧的时候问道："苏格拉底是哪一位？"他高兴地站起来，想让剧场里的观众都能认出他来。

也许是为了应对这种智力过剩（也许确实过剩，或者只是世人的看法），希腊化时代（苏格拉底之后）的哲学都倾向于实用主义，而斯多葛派又堪称翘楚。**再没有比学习掌控困扰现代生活的三座大山——愤怒、焦虑、孤独更实用的哲学了。**当然，本书并非标准的心理自助书，不保证能为你提供灵丹妙药；而是让我们像一个真正的斯多葛派那样冷静、理智地，怀着真实的预期来处理人生的问题。

当然，这种态度也是我在跟好友爱比克泰德的一次谈话中学到的，当时他对我说：

> 昨天，我把一盏铁质台灯放在家里的神像旁，接着突然听到一阵声响，我便冲到了窗前，发现台灯已经被人搬走了。据我推断，那个偷走灯的人向某些看似合理的感觉屈服了。我的结论是什么呢？我对自己说，明天买一盏陶质台灯吧。小偷的警觉性比我强，所以我丢了灯。但他也付出了代价：他为区区一盏灯做了贼人，为一盏灯打破了信仰，为一盏灯沦为禽兽。

和往常一样，爱比克泰德的话意味深长，我得细细品味他的一言一语，才能完全体会其中含义。首先，我注意到他并没有因为失窃心烦意乱，或是愤怒不满，而是就事论事。此外，他立即得出了几个实用的结论：他所失去的东西很容易被替代（明天我会换盏灯），另外，时时警惕、日日防贼并不值得，所以如果想避免再次遭窃，也许他应该选择更为便宜的家具（陶质而非铁质的台灯）。

然后，他分析了其中的深层含义。爱比克泰德承认，窃贼一定是屈服于某些看似合理的感觉，他一定认为自己做的事情很值得。但我们这位圣贤并不赞同窃贼的逻辑，确定这种结论问题很大：他得到了一盏铁质台灯，但作为交换，他失去了更珍贵的东西——正直。

不幸的是，在写这本书的时候，我亲身实践了爱比克泰德的这番教导。当时我正和朋友坐罗马地铁 A 号线去和哥嫂碰面，打算晚上放松一下。进入车厢时，我感到身边有个人反常地用力挤我，他狠狠向后挤，虽然当时车厢的确挺挤的，但还没到没法站人的地步，况且我跟他所站的空间容纳两人绰绰有余。几秒后，我终于意识到是怎么回事，可惜为时已晚：正在我被这个烦人的家伙分散注意力的时候，他的同伙从我左边裤兜里抽出了钱包，在车门关闭的瞬间逃离了车厢。在警觉性上，我确实略输小偷一筹，他的手速也让我赞叹。当时我的第一感受是，用斯多葛派的话来说，是被愚弄后产生的惊讶和沮丧。但我很快又想起爱比克泰德的话，坚定地否定了这一感受。好吧，我丢了钱包，一些现金和几张信用卡——这些卡要去挂失了。对了，还有我的驾照，也要换张新的了。现在电子科技这么发达，我只须在智能手机（还在我的另一边裤兜里！）上按几下，再等几天，就能全部搞定。但小偷却在这场博弈中失去了诚信。要是在以前，在我还没有实践斯多葛派学说时，这番经历没准会让我在愤恨中度过整个夜晚，这对谁都没有好处（这种反应也不会对小偷产生任何影响，更不会助我找回钱包）。但那一刻，正相反，我只花了几分钟细心思考了一番，等我们和哥嫂见面时，我的情绪已经完全好转，心态比先前还要平和。我们看了几场电影，欢度这个夜晚。

无论是爱比克泰德丢失台灯，还是我经历的地铁事件，都不应该被解释为一种宿命论或消极主义观点。相反，两件事都建议我们后退一步，更理性地分析状况，永远切记运用**控制二分法**来区分力所能及和力所不及之事。我们没法让小偷全部消失，但如果我们认为值得付出努力和时间，我们就能够跟他们展开一场警觉之战。我们无法改变窃贼的判断——他们觉得用正直来换台灯或钱包是笔划算的买卖，但我们能自己进行相反的判断。

你可能发现了，**重述**在斯多葛派学说中很关键。基督教中也有类似说法（仇恨罪恶本身，而不仇恨罪人）。根据现代心理学研究，**重塑情境**是愤怒和情绪管理的要点之一。尽管如此，我还是想知道爱比克泰德对待犯罪的态度是不是太随意了，我指出了这一点。我早就知道他会这么回答："你说：'什么？强盗和奸夫淫妇不该被处死吗？'不，你应该这样说：'这人在重大问题上犯了错，产生妄想，黑白不分，善恶颠倒，我不该除掉他吗？'你这话一说出口，就会发现自己有多么不人道，就像在说：'我不该把瞎子和聋子都杀了吗？'"尽管我并没有说要处死他们，但爱比克泰德的回答表明他还是听懂了我的意思：如果我们了解古人说的 amathia 这个概念，就会知道他人作恶的原因，从而同情他们并尽可能伸出援手，而不是将其斥为恶人，因为这对他们帮助更大。虽然这个观点没有多少人去实践，在美国尤其如此，但某些欧洲国家目前采取的最先进有效的罪犯改造方案背后，就包含了这种理念。

美国心理学会（APA）为愤怒和沮丧的人提出的建议给了我们一些启发，这很像斯多葛派早期的直觉感知理论——当然，心理学会的建议背后有大量实证研究做支撑。首先，他们建议进行一整套放松训练，如深呼吸（用膈进行腹式呼吸）的同时，喊一句简单又管用的口号。你也可以借助意象，想象一个平静、舒适的情境，同时做些简单运动（如瑜伽拉伸）。尽管斯多葛派并不会念真言咒语，但他们会时刻劝导信徒将简明扼要的警句放在手边，以便在遇到麻烦时提醒自己。事实上，整本《手册》（阿利安对《论说集》的总结），就可看成是爱比克泰德《论说集》的纲要，以供我们在冲动时使用。而塞涅卡明确提出：一旦感到体内涌现一股无名之火（一种暂时的疯狂状态）要马上深呼吸，出去散散步。他在给朋友鲁基里乌斯的信中也说过，就算老了以后也要经常锻炼，不光因为锻炼有助于身体健康，还能让我们心绪平和。我发现这些建议都特别有效：每当我意识到自己情绪要失控时，最喜欢的反应是借故逃跑，藏到某个可以深呼吸的安静场所（洗手间也行），再在心里默念最喜欢的箴言："一忍再忍！"多么标准的斯多葛警句啊。

这种建议，就像生理 / 心理的急救箱一样，能应对突如其来的危机，但是根据美国心理学会研究，如果想要有效地管理愤怒，还须部署一些长期战略，其中就包括认知重建——我们已经看到大量与之相关的斯多葛派实例，包括我们刚刚讨论的例子。美国心理学会建议我们将常挂在嘴边的话如"完蛋了！"改成"如果可以，我宁愿不去面对这个问题，但我能处理好，生气对我毫无用处"。另外还有一则建议是将"要求"转化为"渴求"，认识到世界不会因为我们的喜好而迁就我们。这与比尔·欧文提出的现代斯多葛派思想非常相似，他提出要学会把目标内化：我渴求（不是想要，也不是需要）升职，所以我会尽力做到让自己配得上这件事。而其实我能不能升职，并不在我的掌控之中，这取决于我意愿以外的很多因素。正像美国心理学会一篇关于愤怒管理的文章（爱比克泰德很可能早就写过了）提醒我们的："逻辑能战胜愤怒，因为即便愤怒情有可原，它也会很快让人失去理智，所以，用冷酷、严谨的逻辑帮助自己吧。"

接着，文章建议我们亲自参与解决问题（而不是一味抱怨），但也提醒我们避免一个常见谬误：我们必须意识到，和常见的社会文化观念相反，不是每个问题都有解决办法。因此，**我们不要对自己无法解决所有问题太过苛责，只要在当时情况下尽力而为就行了。**美国心理学会建议，不要总是着急寻求解决方法，而是要尽力掌控全局——包括付出努力却不能得偿所愿这一点。在这个问题上，先哲们再次提出了很多睿智的观点。

还有一个处理愤怒的重要方法，美国心理学会将其归纳为"**更好地沟通**"，尤其是与那些惹怒你的人更好地沟通。很有趣，这个建议很大一部分还是依赖斯多葛派的行为准则——应该尽可能心平气和、准确无误地描述惹怒我们的情境，爱比克泰德称之为**认同／不认同我们的印象**，就像我丢钱包那时所做的一样。相较于对他人的话立刻做出回应——绝非上策，这样做只会火上浇油——我们可以稍等片刻，重新理顺他人的话，花些时间去分析可能潜藏的道理，然后才去回应。例如，你可能将同伴的要求理解成对你个人空间不当而恼人的侵犯。但是，对方提出要求是不是由于他想要更多的关注和关心，只是可以换一种表达，这种需求是否让你有一种踏进监狱的即视感呢？

美国心理学会还建议：**把幽默看作愤怒的解药**。我们已经看到古代斯多葛派，比如爱比克泰德（如果让我现在死，那我马上就去死。如果让我待会儿再死，那我先去吃饭了，因为饭点到了），以及现代斯多葛如欧文（噢，你觉得我这篇文章从根儿上就错了吗？那是因为你没读过我其他文章！）都运用了这一方法。但是，美国心理学会同样建议我们**谨慎使用幽默**：我们既不应该对我们的（或者更坏更糟，对他人的）问题一笑置之，也不要越过幽默与讽刺之间不甚清晰的界限。讽刺是一种挑衅、轻视对方的回应，很少管用，在涉及冲突和愤怒的情形下无疑会火上浇油。但是我们如何区分幽默和讽刺呢？须通过练习，同时践行智慧这一基本美德。所谓智慧，指的就是学习如何在黑白不明的复杂情况中寻得出路，而你知道，现实生活中大多数情况都是如此。

心理学专家还给出了更多的建议，包括：改变你所处的环境——例如从问题情境中抽身而出，稍作休憩；如果当下不是处理问题的最佳时机，那么就改变你与他人互动的时间，但是一定要确保择日再谈，说明你没有逃避问题；如果可以，避免让自己直面烦恼的根源；找其他途径做你该做的事情，这样可以减少冲突的机会，同时让你达到目标。这些建议没有全部收录在古代斯多葛派文本之中，但基本都符合斯多葛派思想——为了过上好的生活，我们必须了解这个世界其实是如何运作的（而不是我们"希望"世界是如何运作的），我们也必须学会如何正确地去推理，以便更好地应对现实世界。然后，欣赏并借鉴现代心理学研究成果，从而提升我们的生活质量，再没有比这更切合斯多葛派理念的事了。

爱比克泰德也有些关于焦虑的趣事要告诉我。我现在的情绪比之前平和多了，这一变化主要归功于经验（事实证明，很多事并不像我们先前以为的那么糟），另外多少也归功于情感的成熟——随着岁月流逝及荷尔蒙水平的改变，这种成熟几乎是必然的结果。但经过爱比克泰德的提点，我可以更进一步。例如，他指出：愤怒和焦虑往往都不太理性，事实上这两种情绪都会严重妨碍我们达成生活计划，提高生活质量。

为什么我们会对各种事情忧心忡忡呢？"当我看到一个人深陷焦虑时，我会说：'这人到底想要什么？如果他放弃追求那些力所不能及的东西，怎么还会焦虑呢？正因如此，当一个人拿着里拉琴自弹自唱，他肯定不会感到焦虑。但如果他走进剧院，即使有一副好嗓子、琴又弹得好，他也会焦虑不安——因为他想好好表现，又想收获赫赫声名，但后者并非他能掌控的。'"这也是爱比克泰德控制二分法思想的另一种体现，但他用这种普适的方式来表达，让我茅塞顿开，不禁高呼道："嗨！我怎么就没想到呢！"

比如说，当我站在一间满是学生的教室的讲台前，我没必要感到焦虑，因为我已做足准备，解释我手上的教材。我可是专业的，知道自己在干吗。讲课的主题我熟稔于心——肯定比学生了解多了。而焦虑的点，则是我怕让学生失望，怕没有把问题讲清楚，怕我的课不够有趣、实用。避免失败的唯一方法，就是我已经做过的：尽力做好准备。除此之外别无他法，所以也没有额外担心的理由了，这样一来，关于结果的焦虑会少很多。再次申明，这里我并不是说要轻视或推卸对学生应该承担的责任。这仅仅是我对自己所处情境的合理重估，从而有效区分"应该担心之事"和"不该担心之事"。而且，就算我真的在全班面前"丢脸"，最坏还能怎么样呢？不管我出了什么岔子，都会引起部分年轻人的嘲笑？正如巨蟒小组（Monty Python）在歌中唱的那样："**你知道，事情往往并不像你看起来那么糟。**"

我再次澄清一下，我十分了解有些精神障碍会让人陷入某种焦虑，单凭心理学协会所说的"铁面无私的逻辑"是无法消除这种焦虑的。这些都是障碍，即一种病态，现代心理学和精神病学早已着手（虽然还不完善）用谈话和药物治疗等提供补救。正如我的同事卢·马里诺夫在他的畅销书《柏拉图的灵药》序言中说的："这些疗法的意义是让你的头脑冷静下来，直到你恢复正常，这十分重要，但做得还不够。它们本身不会替你思考，而是助你重新思考所有能通往幸福之路的情形。"

这就是为什么我们总会很怪异地去关注一些不该关注的东西，

而且被琐事困扰。爱比克泰德解释道："我们为自己的肉体、财富，恺撒的想法而忧虑，却不为自己内心所想而担忧。我是否会担心自己的想法都错了？不会，因为对错取决于我自己。我是否会担心产生与自然相悖的冲动？也不会。"当然这话更偏重于哲学，而非心理学；爱比克泰德放眼的是我们人生的长河，而非眼前亟待解决的问题。尽管如此，他的观点依然至关重要。一个有宗教信仰的人会说"应该关心灵魂，而非身体和财产"，表达稍有不同，但观点如出一辙：我们总是主次不分，不担心我们真正应该担心的事，需要付出大量时间、精力的事，反而去担心那些无关紧要的琐事，在自身掌控之外的事。管他恺撒（或你老板）会怎么想呢——你都必须完成人格完善、保持正直这项重要任务。假如恺撒（或你老板）是个好人，他肯定会欣赏这一点；假如他不是个好人，那他的损失不亚于偷了爱比克泰德台灯的小贼，还有偷我钱包的扒手。

虽然住在大城市，但我每天大部分时间都在独自看书、写作，有时在家，有时在两个办公室里（通常没有同事或学生打扰）。这是我自己选择的生活方式，也很符合我的个性。但我不禁对爱比克泰德提起了孤独的话题，因为孤独似乎是影响现代社会的大问题，范围不局限在西方，也不局限在大城市。近来，这类新闻标题比比皆是：《孤独瘟疫：我们之间的联系更加密切了——但我们是否感觉更孤独了？》《现代生活让我们陷入孤独吗？》《美国社会的孤独现象》，诸如此类。

科林·基林在《高级护理杂志》发了一篇论文，以现代科学的视角对孤独进行了有趣的讨论。首先，基林把孤独和一些容易与它混淆的概念区分开，比如"疏离"（可能是孤独的结果，也可能会导致抑郁），还有"独处"（它其实有一层积极的含义，类似于"自发行为"）。有趣的是，这篇文章提出了一套分类，"孤独 - 亲密连续体"。从"消极"到"积极"依次为：**疏离↔孤独↔社会孤立↔单独↔独处↔社交**。该分类是站在社会视角，从最消极的疏离状态横跨到最积极的社交状态。基林在这个连续体理论基础上又叠加了他所说的"选择连续体"：一极是毫无选择权的（疏离、孤独），另一极是有全部选择权的（独处、亲密）。当然，这种选择连续体与导致孤独的外因有关，而不是内在的态度，而这一点正好能让斯多葛派思想发挥用处。

孤独的原因是什么？ 基林的论文提供了一幅有用的摘要图，展示了一系列同我们的处境、个性相关，同时造成我们孤独的原因：丧亲、心理脆弱、社交圈子缩小、抑郁、生活剧变等。此外，还有一些其他相关因素：年龄、性别、健康等。在基林看来，**孤独问题的最终解决方案是"无解"**。之所以得出这个结论，是因为孤独不仅是多种因素导致的，而且同个人因素（心理、情境）与结构性因素（社会）息息相关。除此之外呢？他带着极度冷静和诚挚之心评论说："（孤独）是人类心灵的固有组成部分，无法像谜题一样解开；只能缓解它，从而减轻痛苦。而想要缓解孤独，只能通过提升人类对这种痛苦的意识来实现，也就是说让人们意识到：**每个人在某些生活阶段都不得不以某种方式、状态或形式来承受孤独，这没什么**

丢人的。"

这些话在一定程度上引起了我的共鸣，因为极有说服力，让我想到了爱比克泰德关于同一个话题的建议：

> 所谓孤独，即孤立无援。因为人不会因为独处而孤独，也不会因为众人围绕而不孤独。从"孤独"的概念上看，它意味着一个人暴露于要加害他的人面前孤立无援。不过，人要时刻准备承受孤独——他必须能自足，能和自己交流。

正如基林所说，**我们根本不必觉得孤独可耻**，因为（某种程度而言）孤独是一种人类的自然状态，而斯多葛派反对关于"尴尬"的一切谬论，在看待社会对个人的期望方面更是如此。我们无法干涉别人的判断，只能控制自己的行为。此外还要注意，基林用了"承受"这个词，这与爱比克泰德不谋而合。

孤独和独处的区别，在斯多葛派看来无比清楚：**独处是一种对事实的描述，而孤独则是我们对这种描述强加的判断**。让我们感到被排斥、感到无力的正是这种判断，而不是事实本身。但有一点很重要，爱比克泰德的话中传达了一条积极的信息，乍一看似乎挺严苛的：承受的另一面是适应力，适应孕育出力量。在生活中，外部环境有时会迫使我们独处，对此我们无能为力。但是（生病除外，这种情况下要寻求医疗救助），我们的选择和态度把独处变成了孤独。我们可能是一个人，但我们没有必要因此感到无助。

13   论爱与友谊

凡知道好东西的人，就知道如何去爱它们；可是，如果一个人既不能分辨善事恶事，也无法分辨非善非恶之事，那他怎么有能力去爱呢？

——爱比克泰德，《论说集》2：22

一日，一位悲恸欲绝的父亲前来找爱比克泰德咨询。他的女儿身患重病，他因再也无法忍受这样的状况而悲痛地离家出走。他说道："我一想到自己可怜的孩子就悲恸欲绝。最近我的女儿病了，据说时日无多，我实在不忍心待在她身边，只能离她而去，等到有人告诉我她病好了我再回去。"

"嗯，你认为这样做对吗？"

"这是人之常情吧，所有父亲，或者说至少大部分身为人父的人都能感同身受。"

斯多葛学派对"顺应自然"做了大量的研究，但"顺应自然"并不是指可以做任何"自然而然"会发生的事——比如因为自身所经历的痛苦太多而将自己的孩子托由他人照顾。正因如此，爱比克泰德最终说服了这位心乱如麻的父亲回去照顾女儿。爱比克泰德对他说，他不否认许多父亲都会感同身受，或者说作为父亲有这样的感受十分自然，然而，问题是这样做是否正确。所以他采用了苏格拉底式的经典提问法："我问你，既然你深深地爱着你的孩子，那么就这样丢下她一人离开是正确的吗？她的母亲不喜欢这个孩子吗？"

"不，她当然喜欢了。"

"那她的母亲是否也应该丢下她不管呢？"

"不，她不应该这么做。"

"那护士呢？她喜欢这个孩子吗？"

"喜欢的。"

"那么她应该丢下这个孩子吗？"

"绝不可能。"

"再请问，这个孩子的医生不喜欢她吗？"

"喜欢的。"

"那么他应该丢下孩子离开吗？最终，因为你们——家长和其他相关人士深爱着她，这个孩子就应该被抛弃，陷入孤独无助的境地，或是应该死于那些不爱她、不关心她之人的手上，这样做难道就正确吗？"

"这简直天理不容！"

"那告诉我，如果你生病了，你的亲戚和所有其他的人，甚至你妻儿都对你不闻不问,留你孤身一人,他们用这种方式来表达对你的爱,你乐意吗?"

"我当然不乐意啊!"

"那么你会祈望同你亲近之人以这种方式爱你吗——在你患病时因为太爱你而丢下你不管?或者说,如果只是不想被一个人丢下,那是不是祈望你的敌人来关爱你呢?"

你应该能看出爱比克泰德把问题往哪个方向引了吧。但很多人误解了爱比克泰德,或者说得更广泛一点,误解了斯多葛学派在这个问题上的看法。没错,他的逻辑让人无可辩驳,但他是不是在说父亲对女儿的爱只是出于义务?这种对待爱和感情的看法难道不是十分刻板,甚至有违人道吗?

对于这件逸闻肤浅的解读,是否反映了爱比克泰德的真实意图呢?可能是吧,但事实上并非如此——而且相差甚远。爱比克泰德的意思是人类的情感需要引导——甚至训练——途径便是对所有激起我们情感状况的因素进行全面评估。不可否认的是,父亲不应为了避免自己痛苦而离开女儿。爱比克泰德精彩地指出了这一点,一方面他将这位父亲与他女儿的其他看护人放在一起——通过比较得出这位父亲的行为很糟糕;另一方面他让这位父亲思考一下,如果他处在女儿所处的情形之下,是否想要自己所爱的人做他现在所做之事。

但这仅把斯多葛派的观点概括了一半:自然而然之事有别于正之事,我们应做出正确的判断,在做出判断的过程中,有时需要将"自然而然"推翻，支持"正确"。这一观点源于斯多葛派"视为己有"（Oikeiôsis）的理论，我们在前面的章节以希罗克洛斯的扩展（或者更准确来说，收缩）关注圈的形式将这一理论呈现给了大家。该理论认为，我们在生命刚开始的时候，只有本能的行为，其中有些行为相当自私，就像这位父亲对女儿痛苦的"自然"反应一样。然而，一旦我们在童年中期进入理性阶段，我们就开始能反思，并在必要时把自然与善区分开来。但这并不是要我们用"冷血"的理性代替自己的情感。这样是行不通的，如果斯多葛派真的主张这样简单的概念，那他们就真的太不懂人类的心理了，而他们肯定不会如此。

爱比克泰德曾对他的学生说："尽管我们能写下、读懂这些情感，尽管我们可以在阅读时赞许它们，但它们不会让我们产生信服或与之类似的感受。因此像斯巴达人、家里的狮子、以弗所的狐狸等谚语同样也适用于我们。在教室里我们是狮子，到了外面的世界我们又成了狐狸！"他的意思是，仅仅认识到事物的真相是不够的，你需要反复练习，直到养成一种习惯，将理性结论融入本能之中。把实践哲学想象成学开车、踢足球，或者吹萨克斯管。起初，你所要做的便是持续关注自己正在做什么，并问自己为什么要这么做，结果你会发现自己表现得很糟糕，不断犯错，人也变得沮丧。但渐渐地，通过不断重复这些经过深思熟虑的动作，你会渐渐驾轻就熟，最终习惯成自然：当有人忽然横穿马路时，你会踩刹车；当你的队友突破防守时，你会传球给他；或者，你会按照正确的速度和顺序，用乐器演奏出一连串音符，从而使之成为一段旋律。真正的哲学是一丁点理论加上大量实践："我们看到木匠通过学习某些东西成为一位木匠，舵手通过学习某些东西成为一名舵手。那么，我们是否可以推断，在行为领域，仅仅希望变好是不够的，我们还必须学习某些东西？……因为如今我们并不需要论据——不需要，斯多葛学派的著作中有的是论据。那我们需要什么呢？我们需要那个能运用论据，并通过行动检验论据的人。"

尽管爱比克泰德对实践（正确地）加以重视，古希腊人其实发展出了一套关于"爱"的复杂理论。该理论支持许多对爱的不同概念，其中一些与本章第二主题——友谊有关。通常，学者将 agápe，éros，philía 和 storgē [1] 区分开来。agápe 指的是你对配偶子女的那种爱意，后来基督教将其引申为上帝对全人类的爱——正如托马斯·阿奎纳所说，agápe 即希望他人好。如果你认为你知道什么是éros，那么你可能要三思了。是的，这个词确实带有感官愉悦和性吸引的明显含义，但正如柏拉图在《会饮篇》中所阐释的那样，性爱发展成对人内在美的欣赏，我们由此表达对美本身的爱慕——无论它的具体化身是什么。philía 是我们对朋友、家庭、社会展现的那种平静如水、高尚的爱意，因为我们视他们为自身，会像对待自己那样对待他们。最后，storgē 这个使用频率很小的词语，具体指的是对你孩子的爱意，但有趣的是，还指对你的国家或是运动队的

---

[1] 这四个词均为希腊语单词，都有"爱"的意思，但侧重点不同。

爱。这种爱人生而有之，和理性与思考无关。不得不承认，单单一个英文单词"love"并不能完全涵盖这些细微差别，这着实可惜，因为我们当然应该将我们对伴侣、孩子、朋友的爱与我们对祖国、上帝的爱区别开来。但不论怎样，斯多葛派将会对此提出问题，该问题正是爱比克泰德向心烦意乱的那位父亲提出的那个：这或许是人之常情，但它是正确的吗？

　　例如，我们常常被教导，"无论对错"都要热爱我们的国家，或者无论输赢都要热爱我们的运动队。我认为这两种爱都属于storgē，但是一个斯多葛信徒会提出"无论对错"地去爱在两个例子里应该区别对待。事实上，这一名句的出处有二（其中一个衍生自另一个）。我们能够从这两个出处中看出为什么斯多葛派信徒言之有理，即一些种类的爱（至关重要的那些）需要符合正确的事实，而非我们对事情的主观感觉。这句话出自美国海军军官斯蒂芬·德凯特，据说他在1816年某次餐后说了这么一句祝酒辞："敬祖国！愿她在外交时永远正确，但不论其正确与否，我们都为祖国干杯！"与之相比的衍生版出自美国内政部长卡尔·舒茨，他在1872年2月29日参议院会议时说了这么一句话："祖国无论对错都是祖国，如果她正确，那就让她保持正确；如果她犯错，就纠正她的错误。"

　　我认为德凯特的版本更适用于运动队："罗马队加油！愿她在与其他球队的较量中立于不败之地；但无论其胜利与否，我们都为罗马队加油！"无论如何，无伤大雅地忠实于某个球队挺令人感动的，特别是当那个球队快输球的时候，这种忠诚确实令人感动。但是，历史已经无数次证明，对自己的国家盲目效忠极其危险。事实上，我也不知道舒茨是否读过爱比克泰德的著作，但他的观点和爱比克泰德对故事里心烦意乱的父亲所提出的观点如出一辙：的确，我们对后代或对国家怀有某种天生的爱是可以理解的，甚至是值得称许的。但是既然我们正在分别谈论人类和外交政策，而非运动队，我们就应该用理性来指导我们的行为：我也许会离家出走，因为我无法忍受眼睁睁看着女儿承受痛苦，但是正确选择是站在她身边支持她。我也许会觉得祖国是我身份重要的组成部分，从而对其敬爱有加，但是如果她要做的事对自己或他国有害，那么我有义务直言不讳。如果真的碰到了什么重大的事，不要把感情和理智割裂开来，尤其不能把后者忽视。

因为在希腊-罗马人看来，友谊是一种爱，所以爱比克泰德将友谊与家庭关系做同等对待是很自然的事：

> 除秉持信仰与荣耀，只给予及索求好的东西之外，哪里还寻得着友谊呢？"但他一直在关注我，难道他不爱我吗？"你怎么知道，奴隶，他的关注就不同于刷洗靴子，或照料牲畜？你怎么知道自己于他看来，就不同于瓦罐，一旦不能为他所用，便不会遭到抛弃？……厄忒俄克勒斯和波吕尼刻斯难道不是同父同母所生的吗？他们难道不是一同成长、一同生活、结伴而饮、同榻而眠，常常还亲吻彼此吗？他们这种情谊，若

有人见着，无疑会嘲笑哲学家有关友谊的悖论。然而当一小块形似王冠的肉落在他们之间，看看他们说什么：

厄：你在塔楼前方何处扎营？

波：何出此问？

厄：我将前往彼处，将你斩杀。

波：我亦欲取你项上人头。

——欧里庇得斯，《腓尼基的妇女》第 62 场第 1 幕

好吧，戏剧大师用了一种充满诗意的表达，此外，厄忒俄克勒斯和波吕尼刻斯不仅是朋友，而且是手足，但是他的观点表达得很清楚：真正的友谊，就如同真爱，只会在危难之时显现，在顺利之时是寻不着的。

从斯多葛学派的角度而言——友谊，就像任何我们自己道德之外的东西，是一个可取的无关紧要之物。这就引出了一个有趣的问题，因为它意味着，例如，在罪犯之间不能有任何类似（斯多葛）友谊的东西，当然前提是"罪犯"并非仅仅指那些违反法律遭受通缉的人（毕竟，纳尔逊·曼德拉在南非种族隔离制政府的眼中就是罪犯），而是指从事暴力或偷窃等卑劣行径之人。这个观点是正确的，不仅因为很难想象一个罪犯道德高尚，而且因为每一次罪犯帮助同伙，比方说，逃脱正义的惩罚，那他就将友谊放在道德之前——这恰恰和斯多葛派对两者排列的优先顺序相反。

同样的问题也适用于爱——我们对亲属和伴侣的爱。世界文学（包括希腊-罗马文学）中不乏这类故事：人们将爱置于一切之上，给他们自己、他人或者无辜的第三方带来了严重的后果。但是我们经常被鼓励去欣赏这些人，因为，毕竟"爱能战胜一切"。然而，"爱能战胜一切"只存在于理想化的童话世界，斯多葛信徒对此只会说这类感情并非真正的友情或爱，因为他们置"友情"和"爱"于个人的品德之上。我们已经接触过美狄亚，（据说出于爱情），为了帮助伊阿宋偷得金羊毛，她叛父杀兄，随后完全失心发疯，杀害自己的孩子以报复不忠的丈夫伊阿宋。根据斯多葛派的说法，不管美狄亚对伊阿宋怀着何种情感，都不算真爱。同样，现代也有许多类似的新闻故事，像美狄亚的古老传说一样可怕，这些故事中的感情亦非真爱。

　　现在，人们有理由怀疑斯多葛信徒是在咬文嚼字，非要说许多人对友谊或爱情的定义是错的。但是，那样就忽略了一点：斯多葛信徒既能敏锐地观察人类心理（一种描述性的活动），又能深刻思考人类道德（一种规定性的活动）。他们本可轻而易举地按照同行的说法把美狄亚对伊阿宋的感觉描述为"爱"，或把两个黑手党老大说成是"朋友"。但他们会补充道，基于他们对道德的理解，在这些情况下，用这样的描述用词有误。为何一定要这么说呢？因为如果"爱"和"友情"既可以用来描述道德并非第一位的情况，又能用来描述以道德为中心的情况，那么我们就会因为未用语言区分本质相异的情形而陷入迷茫。"不过是咬文嚼字而已"置有时必须把话说清楚的情况于不顾，着实匪夷所思，因为我们互相交流、理解的能力依赖于语义——精确地使用语言。

我来举一个亚里士多德的例子，他肯定不信奉斯多葛派学说。（塞涅卡毋庸置疑是斯多葛，他吸纳了竞争对手伊壁鸠鲁派的思想，认为无论真理出自哪里，都是每个人的财产。我在这里便由他这句话展开说。）亚里士多德可能有点过分沉迷于分类法，例如，斯多葛派将美德分为 4 种，而他却一股脑抛出 12 种不同类型的美德，尽管所有类型的美德都只是智慧的不同层面而已。当谈到友情时，亚里士多德尤其重视 philía，该词我们提到过，涵盖与我们当今所说的朋友以及亲近的家人之间的关系——这也就不奇怪为什么爱比克泰德在讨论友情时提到厄忒俄克勒斯和波吕尼刻斯两兄弟的故事了。亚里士多德划分了友情的 3 种类型，我认为这种框架在当今依然实用：功利的友情、愉悦的友情、向善的友情。

功利的友情就是我们现在所说的基于互惠结识的熟人，比如说，你和你最喜欢的发型师之间的关系。我母亲曾在罗马经营了很多年这样一间小店，从不经意的观察中就可以清楚看出，她和客户之间的关系不仅限于生意上的往来。这些妇女在人生的各个阶段，花了相当长的时间让我母亲和她的助手给她们设计发型、做美甲等。虽然这项工作是专业性的，但他们也会讨论其他各种事情，从家长里短到国家政治。（然而，我不记得她们谈论过哲学。）这当然没有使我的母亲成为店里那些妇女严格意义上的"朋友"，但的确让她不再仅仅是一个只在生意上和顾客往来，平时没人认识的人。

古人的想法很好：即使人与人之间的关系很大程度上建立在实际的互利基础之上，也可能因为利益的枯竭而终止，但我们仍然想要表现得友善并积极地同他人进行社交，因为这是一件正确而愉悦的事情——正确，是因为我们把对待他人本身当作目的，而不只是达到自己目的的手段，康德如是说；愉悦，是因为我们天生是社会人，能在与其他社会人的交谈中获得满足感。

"愉悦的友情"，第二类亚里士多德式 philía，很明显是基于（亦是互惠的）愉悦。想一想你的酒肉朋友，或者与你有着相同爱好的人。和功利的友情一样，这种友情也是基于互利，只不过这次的利不是工具性的，而是令人愉悦的。正如功利的友情一样，愉悦的友情无须深厚，尽管在现代英语的使用中，我们很可能在这些情况下使用"朋友"（friend）一词，而非"熟人"（acquaintance）。当然，和功利的友情一样，愉悦的友情也可能随着与之相关的"社交黏合剂"失效而结束——例如，我们对某个特定的爱好失去兴趣，或者在城市的另一个地方发现了新酒吧。

第三类亚里士多德式友情远远高于大多数人称呼某人为朋友的最低标准：向善的友情是一种罕见的现象，在这种关系中，两人发现彼此之间有一种无须商业交流或业余爱好等外力支持的吸引力，爱意源于对方本人。亚里士多德针对这种情况说过一句名言：正因为友人关心我们，所以他们成了我们灵魂的镜子，帮助我们成长，从而成为更好的人。这里你又看到了为什么"向善的友情"不仅指现代意义上的友情，也涵盖了与家庭成员或伴侣之间的关系。

再次重申，亚里士多德并非斯多葛派信徒，尽管斯多葛派也曾说过：唯一真正值得被称为友情的是向善的友情。然而，关键在于他们并没有否认另外两种类别的友情的存在及重要性，只不过将其限定在"可取的无关紧要之物"范围内：只要它们不影响你的美德和道德，你就可以拥有并培养它们。

值得注意的是，古希腊 - 罗马对爱情和友情的分类不仅比我们丰富，而且其定义多少与我们现在不同：他们会把一些在我们眼里泾渭分明的关系联系起来，如我们把"朋友"（一种类型的朋友）、家庭成员（另一种类型的朋友）、生意场上的熟人三者区分开来这种情况。最后，这些概念（以及让我们对其加以运用的字词）对于我们在现实世界（尤其是社会环境中）中找寻方向是十分有用的。我很欣赏古人在这方面的丰富词汇，读者们应该也深以为然吧。这就意味着，当我们精简自己语言的同时，或许失去了某些重要的东西。毕竟，意义更为丰富的语言能够反映更加微妙的思想，让我们能够具备更好的能力同生活进行谈判。

14   实用主义十二条守则

不要让睡意合上你疲倦酸胀的眼睛，在此之前，务必将一天中所做的事一一检验：我哪里做错了，我做过了什么，还有什么没做完？从头至尾审视自己的所作所为。为恶行而自责，为善行而喜悦。

——爱比克泰德，《论说集》3：10

我觉得，通过这段时间和爱比克泰德的聊天，我们肯定已经对斯多葛派学说的理论及其在日常生活中的实际运用有了深刻的了解，不仅知道斯多葛派学说在公元前 2 世纪古罗马时期的模样，还知道这一学说在当下 21 世纪的形态。那么，我们又该如何真正体验斯多葛派这一生活哲学呢？

想要做到这一点，并非只有一个办法，也没有一套如同写在教义问答手册上的固定教条让你遵循——我认为这样很好。不过也有人——比如我和其他几位近期出版斯多葛学派相关书籍的作者——通过将古代文献中的真知灼见，源于认知行为等疗法的现代技术，以及个人经验结合起来，发展出了一套实践斯多葛学派理论的方法。其实实践方法因人而异，因此下文我所提出的建议仅供大家参考，不必将之奉为金科玉律。

我向爱比克泰德本人请教过这一问题，他建议我去读他的 *Enchiridion*，字面意思即"手册"。当然了，此书并非爱比克泰德所著（据我们所知，他其实未曾有过任何作品），而是由来自尼科米底亚的阿里安编纂而成。如果我留给人类的唯一遗产是学生根据我的演讲整理出来的一堆笔记，我不确定自己心里是否会好受，但有些学生确实聪明过人。无论如何，这便是爱比克泰德留给我们的东西。当然了，我们留下什么遗产也不受我们控制，尽管我们可以决定如何去诠释、使用别人的遗产。

再者，阿里安在你的学生中并非资质平平，即使在当时来看也不是。他成了著名的历史学家、军事统帅、罗马帝国的公务员，并于公元130年被推选为执政官，接着担任卡帕多西亚省长官一职。大约在公元117—120年，阿里安到爱比克泰德的学校学习，在尼科波利斯跟随老师待了一段时间。最终，阿里安前往雅典，开启了一段杰出的职业生涯，其中包括受哈德良大帝任命担任元老院议员。退休后，阿里安重回雅典，担任执政官或行政长官（显然他做不到对世事袖手旁观、置身事外）。他死于斯多葛派皇帝马可·奥勒留的统治时期。萨莫萨塔诗人卢西恩写道，阿里安是"罗马人之翘楚，终身不忘学习"。在我看来，由他这样的学生在我的课上做笔记流传后世是再好不过的了。

我通读了阿里安根据爱比克泰德讲课内容编撰而成的《手册》，

并从中提炼出 12 条守则或者说是关于如何在生活中践行斯多葛派思想的备忘录。我认为刚开始的时候,最好将它们添加到你的日程表中,顺序随意。(这里我只是简单地将它们按照《手册》中出现的顺序罗列。) 在如今这个时代,可以通过种类繁多的智能手机应用之类媒介不费吹灰之力地做到这一点。以这样的方式列一张表格,这样你就能每天依序收到一条灵修练习的提醒(或者增加点趣味性,将顺序设置成随机)。每天一有空就重温几遍爱比克泰德语录,并挑出其中一个具体建议认真实践。我们第一步要做到将斯多葛派思维方式融汇于心,并信受奉行(这是重中之重)。最终,这些练习将会成为你的第二天性,你将无须提醒(尽管我现在仍将它们设置成在我的日历中弹出,以备不时之需),并能自发地践行,将其应用到人生的各类大小事件或情况之中。

从斯多葛派哲学的角度自然能最为透彻地理解这些练习。因此,在针对练习本身展开讨论之前,我们先来回顾一下在本书中所学到的一些斯多葛学派基本原则。

在与爱比克泰德的谈话中,我们了解到不少斯多葛学派思想。首先,最重要的便是在第二章中讨论过的斯多葛派三大原则——欲望、行动、认同,以及它们同物理学、伦理学、逻辑学三大研究领域之间的关系。(我们或许可以借此契机回顾一下当时的讨论,并让你对这些学科和研究领域有一个全新的理解。) 这三大原则是全书所有章节的逻辑主干。为了使大家从灵修练习中获得最大收益,我将斯多葛学派的三大原则提炼成最为精练的语句，罗列如下：

1. 美德是至善，其余均无关紧要。这句话的前半句是斯多葛派从苏格拉底那里获得的，苏格拉底认为美德是主善，因为它是唯一在任何情况下都具有价值的东西，它能帮助我们正确地使用健康、财富、教育。从斯多葛的角度来看，其余一切均无关紧要这句话指没有什么东西能够与美德进行交换。在不折损美德的情况下，斯多葛会追求可取的无关紧要之物，并尽量远离不可取的无关紧要之物。在现代经济理论中，这种广为人知的方法被称为"字典序偏好"。举例来说，无论你多想拥有一辆兰博基尼，你都不会拿自己的女儿去交换，那么你就在用"字典序偏好"做事。

2. 遵循自然。即把理性应用于社交生活。斯多葛派信徒认为，我们应该从宇宙的组成中获得提示，领悟出该如何生活。由于人类天生是理性的社会动物，所以我们应该努力运用理性去建设一个更好的社会。

3. 控制二分法。有些事在我们的掌控之中，有些则不然（尽管我们也许可以对其施加影响）。如果我们在精神上足够健康，我们的决定和行为就在我们的掌控之中。而其余的一切则在我们的控制之外。我们应该关注自己掌控之中的事情，对于其他事则应怀着平常心去对待。

此外，在做下面的练习时，请记住，这些练习旨在让你进一步掌握斯多葛派四大美德：

　　智慧（实用的）：以最好的方式驾驭复杂情况。

　　勇气：不论面对什么情况，都要做（从生理和道德层面上看都是）正确的事。

　　正义：公平、善意地对待每一个人，不分贵贱。

　　节制：在生活的方方面面践行适度原则和自我控制。

　　斯多葛学派基本原理复习完毕，我们现在就可以更好地检验（并实践）我从爱比克泰德（实际上是阿里安的）《手册》中提炼的12条守则：

　　1. 检验你的印象。 "现在就来做一个练习：对每一个强烈的印象说：'你只是一个表象而已，你所表现的并非本质。'然后用你的准则来检验它、评估它，其中最重要的一条便是问自己：'这个表象我是否能够掌控？'若它在你的掌控之外，那你就可以这么回应：'这对我来说是无所谓的事情。'"

　　这就是本书开篇提到的经典理论——**控制二分法**。爱比克泰德倡导我们实践的原则可以说是他学说的根本：不断检验我们的"印象"——也就是我们对事件、对他人，以及对听闻之事的第一反应——暂退一步，留下理性思考的空间，避免轻率的情绪反应，并询问抛给我们的东西是在我们的掌控之中（在这种情况下，我们应该采取行动）还是在我们的掌控之外（在这种情况下，我们不应把它放在心上）。

例如，在写这一章节的前几天，我（因为吃了变质的鱼）食物中毒了，经历了 48 小时的煎熬。在此期间，我什么有意思的事都做不了，更别说工作和写作了。通常情况下，这是一种"不好的"经历，大多数人可能会抱怨并寻求同情。然而，我身体的生化结构和潜在的致病因子显然不在我掌控之内（尽管如此，决定在某家餐厅吃鱼当然在我的掌控之内）。因此，抱怨食物中毒是没有意义的，因为我无法改变已经发生的事情。尽管如此，作为凡人来讲，肯定会寻求同情，但从斯多葛角度来看，寻求同情这件事本身也是人们为了让自己更好受而强加到别人身上的。因为在这种情况下，别人除了同情我们做不到任何事。对于斯多葛派信徒来说，同情他人无可厚非，但当我们自己生病时，博取他人同情似乎就有点自私了。相反，我依从了爱比克泰德的话：接受了正在发生的生理反应，采取了应该算是比较合适的医疗预防措施（服用益生菌），然后调整了面对困境的心态。我既无法工作又无法写作。好吧，那我甚至都不会去尝试，因为还有其他的事情我可以做，而且无论如何，我身体应该很快就会好了，之后会有很多时间可以让我工作和写作。

再多说一句："这对我来说是无所谓的事情"这句话经常被误解。这并不是说我们不应该关心正发生在我们身上的事情。举个例子，在我食物中毒期间，我不断提醒自己，健康在斯多葛派信徒看来是可取的无关紧要之物——健康值得去寻求，除非它损害了我们的正直和美德。但是，如果处在某个的确让人无能为力的情况之下，我们就不该再让自己"操心"了——我们应该停止尝试改变当下的情况——准确地说，因为它在我们的掌控之外。拉里·贝克称之为"徒劳公理"，他用相当干脆的术语说："施事者应避免直接尝试去做（或成为）在逻辑上、理论上或实际上不可能达成的事（或人）。"我觉得这句话真是至理名言。

2. 提醒自己世事无常。"对于那些让你感到快乐、对你有利，或者你已经逐渐喜欢上的东西，你得提醒自己那些东西是什么。从那些不那么值钱的东西开始，例如，如果你喜欢瓷器，就说：'我喜欢的是一个瓷器。'当它碎了的时候，你就不会那么惊慌失措。当你亲吻妻儿时，请对自己说：'我亲吻的是一个凡人。'那么，若他们死了，你就不会那么心烦意乱。"

学生们第一次听到《手册》中这段非常著名的文字时都十分震惊。这是被误解最深的斯多葛派智慧之一，有些人甚至故意去曲解它。而这也就更能体现出正确理解其含义的重要性。当然，麻烦的部分不是爱比克泰德对瓷器的看法，而是对于妻儿的态度。如果爱比克泰德只讲第一个例子，我想大家会认为这是一个合理的提醒，提醒我们不要执着于物，也许甚至会将其当作针对公元2世纪的消费主义发出的警告（消费主义并不是现代美国人发明的，在罗马帝国时期就出现了不少这样的倾向——当然了，和如今一样，秉持这一倾向的人必须负担得起高消费）。然而，第二部分揭示了爱比克泰德对人类状况的深刻洞察，可能需要一些背景知识才能正确地领会。毕竟，斯多葛学派的践行者认为这一学说是一种爱的哲学——并非无情地漠视人类及其遭受的苦难。

首先，让我们回顾一下历史背景：爱比克泰德写作时所处的时代即使是皇帝（像马可·奥勒留本人）也会因为疾病、随时出现的暴力或战争而失去他们的绝大多数子嗣和心爱的人，而在我们看来，这些人死的时候都还很年幼。虽然目前在西方和世界的其他一些地区，我们大多数人在这方面是幸运的（尤其是如果我们碰巧是白人男性），但生命转瞬即逝这句话在如今仍是事实，我们深爱着的人可能会毫无预警地从我们身边消失。

其次，更重要的是，爱比克泰德在这里给我们提出的劝告并非让我们残忍地漠视所爱之人，恰恰相反，我们应当不断提醒自己，我们所爱的人是多么珍贵，因为他们可能很快就会消失。任何失去过亲密之人的人应该都能体会这一点。爱比克泰德的观点是：我们应当像罗马的将军们在永恒之城里庆祝他们胜利一样过一生：有人在我们耳边不停地窃窃私语，"Mento homo"（记住，你只是个凡人）。

请原谅我再次拿个人经历来说事。大约我刚开始认真学习斯多葛派学说的时候，我母亲因为癌症去世了。十年前，同样的疾病（可能出于同样的诱因：吸烟）让我失去了父亲。双亲的离世对我影响很深，并不是因为我和父母相处得十分融洽（事实并非如此，我反而最为感激我的亲生祖母和她的另一半——和我没有血缘关系却抚养我长大的祖父），而是因为两人的离世标志着两个将我带到世间的人一去不返。失去父母是我们大多数人的必经之路（除非我们碰巧先于他们死去），任何有过这一经历的人都可以做证这是一件多么令人难过的事。然而，据我观察，在这两种情况下，我对待疾病的方式和对待我父母去世的方式十分不同。

当我父亲被确诊患上第一种癌症时（最后发现他罹患多种不同的癌症），对于自己将只剩下为数不多的机会与他相处这一想法，我并没有认真对待——不仅因为两人能够共处的时间突然缩短让我一下子缓不过神（他去世时享年 69 岁），还因为我们两人相隔将近 7000 公里，他在罗马，而我在纽约。我一直保持着这样的状态，仿佛我们都还拥有大把时间，完全拒绝细想那件我其实内心很清楚的事：现在正在发生的事情很可能会在短时间内杀死我的父亲。父亲最终于五年后去世，但他最终病危的消息还是让我措手不及。最后他断气的时候我并不在场。（我在去纽约机场的路上，正准备搭乘飞机前往罗马。）

我一直对自己面对父亲患病时的反应感到懊悔，一直到从斯多葛派学说中学到我们所懊悔之事都是无法改变的，而正确的态度是从经历中学到东西，而不是在我们无法改变的决定上驻足不前。我从而醒悟，并以这个态度对待患病的母亲。死亡在她身上其实降临得更快，由于最初出现了误诊，导致我们有一段时间甚至不知道发生了什么。而一旦弄清楚状况，我已经做好准备，以全然了解并接受将要发生之事的态度回到意大利看望她。每次我与她吻别离开医院时，耳边都回荡着爱比克泰德的话，他的话真实不虚，抚慰人心。我真的不知道第二天是否能再见到她。尽管这个想法并没有让这段经历变得不那么艰难，毕竟斯多葛派学说并非灵丹妙药，但我尽最大的努力在 hic et nunc（当下）出现，就像罗马人曾说过的那样。这就是爱比克泰德试图灌输给学生的东西：完全不是在劝告我们不要在乎（尽管"你不会那么心烦意乱"的英文翻译，不可避免地失去了希腊原文中多少辛酸的味道），他建议我们多多关心、欣赏我们现在拥有的东西。正因为可能一到明天，命运就把它从我们身边夺走了。

3. 保留条款。"准备着手做一件事的时候，要在心里把做这件事的计划先过一遍。如果你要去洗澡，先在脑中描绘一下在浴室里常发生的事——有些人洗澡会把水溅到你身上，有些人会推搡你，有些人会大喊大叫，还有些人会偷走你的衣服。如果你从一开始就说'我想洗个澡，但同时还想要自己的意愿和自然本性保持一致'（也就是说将理性应用于社会生活），洗澡过程中每做一件事都要这么想。因为这样的话，哪怕出现突发状况让你洗不成澡，你也已经做好心理准备：'嗯，洗澡并非我唯一想要做的事，此外我还想要让自己的意愿和自然本性保持一致——如果一旦不好的事发生，我就崩溃的话，那我肯定就没法做到这一点了。'"

我喜欢"如果一旦不好的事发生，我就崩溃的话，那我肯定就没法做到这一点了"这句话。它让人联想到一个脆弱的人，脆弱到经不起任何风吹草动。之所以会这样，是因为他们让自己变得脆弱。他们总是**想当然**地认为事情会进展顺利，因为坏的事情只会发生在其他人身上（可能从某种程度上看，他们是应得的）。相反，作为斯多葛派信徒，我们应该将下面这个保留条款引入我们所做的任何事情，甚至将其作为个人的箴言：**谋事在人，成事在天。**

此外还请注意，爱比克泰德此时以一个非常简单的情形开头：他要去洗澡，然后享受这一经历。正如我们可能想去电影院，希望能够在不被手机晃到眼（有些讨厌的人每过一段时间非要拿起手机看消息不可）的情况下看电影。当然，下面我说的也是我的个人经验：我曾经因为这样的事情暴跳如雷，偶尔还会和那些人高声理论，可以预见，肯定争不出个所以然。而如今，我会运用我们讨论过的两种斯多葛派技巧做回应。当然，首先我会想到控制二分法。去看电影是在我掌控之中的事（毕竟我可以在家另选一部电影看，或者去做完全不同的事），对其他人的行为我也可以抱有同样的态度。尽管其他人的行为肯定不在我的掌控之中，但我可以影响他们：通过礼貌地向这位票房贡献者解释他（她）这么做为什么是一种不替别人着想的行为，或是寻找电影院管理方——同样冷静而礼貌地——投诉这一情况，因为他们有责任确保客户光顾时能有一个愉快的体验。

第二种能运用的技巧是正确地理解保留条款。再次以爱比克泰德的话来说，他并不是想让我们被动接受他人的无礼行径，而是提醒我们，我们可能心中已经有预设的特定目标了，但是事情很可能不遂我们的心意。在这种情况下，我们的选择是让自己痛苦，从而故意将情况变得更糟，还是谨记我们的首要目标：做一个得体的人，不做任何不道德的或者有损自身正直的事情（例如以不文明的方式回敬不文明的举动）。

在斯多葛学派中，有一个很好的类比可以解释这一点。这个比喻来自克利西波斯——雅典斯多葛学派中第三位集大成者，而且据说这一比喻曾收录于爱比克泰德《论说集》未能存世的一卷之中。设想一只狗被用皮带系在马车上，车开始前进，决定马车前进方向的是车夫而不是狗。现在，系狗的皮带足够长，狗有两个选择：要么小心翼翼地跟随马车前进的大致方向（这是它无法控制的事），由此享受这一旅途，甚至还能有时间探索周边环境，做一些自己的事情；要么拼尽全力顽抗到底，最终一路上被拖拽踢打，痛苦号叫，落得浑身是伤、垂头丧气，将时间浪费在注定徒劳难过的努力上。我们人类，自然就是那条狗——宇宙按照神的意志（如果你信教的话）或是无处不在的因果律（如果你的思想较为世俗化）不断翻腾运转。但是你依然有一定回旋的余地，趁你健在之时，你可以选择享受这段旅程，即使你很清楚天下为笼，也知道无论自己想达成什么，都会附带着一个条件：成事在天（马车夫、神、宇宙）。这就是无论你做什么都要"遵循自然之道"的意思。

还有另一个方法来诠释这个练习，感谢我的朋友比尔·欧文在他的《美好生活指南：作为古代艺术的斯多葛之乐》一书中一清二楚地表达了这一点。设想你在打网球比赛，或者举个更为重要的例子——你在工作中有机会晋升。爱比克泰德曾提出了一种斯多葛派的方式应对这两种情况，这个方式被比尔重新诠释为内化你的目标。尽管我们自然而然地认为我们的目标是赢得比赛或是获得晋升，但是这些结果并不在我们的掌控之中——它们只能被我们影响。所以我们需要将自己的目标定为某种切实为我们所掌握，甚至连命运都无法将之夺去的东西：无论结果如何，我们都可以尽最大的努力打好比赛，或者在晋升人选确定之前，将自己申请晋升的材料整理到最佳状态。现在我不需要像平常一样补充那个附带条件[1]了，而是加上那句罗马人常说的话，"repetita iuvant"（好事多磨）——这个想法不是被动地接受网球赛的失败，或者是接受本该得到的晋升机会与自己失之交臂的不公；相反，它是智慧的体现，知晓即使我们尽了最大的努力，事情也不会总是遂我们的心愿，无论比赛的胜利或者晋升的机会是不是我们应得的。不要将自己的夙愿——即使这些夙愿有理有据——同宇宙将（或者是应该）如何运转混淆在一起，明白这一点才是智者的标志。

4. 当下我该如何使用美德？ "不论遇到什么样的挑战，都不要忘了自己所拥有的应对挑战的能力。面对俊男靓女的诱惑，你将发现自己拥有自制力来应对。面对痛苦，你将发现自己拥有忍耐力来应对。面对侮辱，你将发现自己拥有容忍力来应对。随着时间的推移，你会更有自信，相信自己面对任何表象，都能运用道德的方式耐受。"

我认为这是斯多葛派作品中最能赋予人力量的一段话。爱比克

---

[1] 指成事在天。

泰德——这个曾经的奴隶，一条腿断了的跛子——告诉我们抓住每一个机会、每一个挑战来锻炼我们的美德，通过不断践行美德成为一个更好的人。注意他是如何通过践行美德来抵制诱惑或困难，将斯多葛学派认为生命中每一个挑战都是一次完善自我的绝佳机会的观点发挥得淋漓尽致的。当你看到一个富有魅力的人与你擦肩，你不会想方设法和其同床共枕，除非你们俩碰巧都单身，而且追求自己的欲望也不会给他人带来痛苦。不然你就应该唤醒自己的自制力，集中精力改变自己的心态，这样最终你将不会感到丝毫诱惑。第二个例子虽然和第一个类型不同，但结果相似，因此斯多葛派信徒对其报以同样的回应：你不能控制疾病和痛苦，它会在你生命的某个阶段出现。但是你也能够控制它——不仅可以通过药物治疗（斯多葛派绝没有限制使用药物的信条），还可以通过调整自身思想态度的方式达成。也难怪爱比克泰德常常与"一忍再忍"或是"忍耐与放弃"这些话联系在一起。但请记住，我们的目标并非过上郁郁寡欢的生活。相反，我们是要实现斯多葛派信徒称之为 apatheia 的境界——尽管这个词用英语翻译过来太过直白、毫无吸引力，但我们知道它意味着不论生活中发生什么都能心如止水地去面对。

此外，我的亲身经历也许能再一次提供帮助。不久前，我独自在家准备晚餐，为了做出美味的意大利面，我正在切洋葱准备下锅煸炒。不幸的是，切菜的刀很钝，切的时候从洋葱上滑了下来，切到了我的左手无名指——伤口很深，我不得不托着手指防止它掉下来。（写这篇文章时，距离这件事已经过去了一年多，但我的那根手指依然没有完全恢复知觉。）我清楚地记得自己当时自动地转变了态度，而这一点换作几年前的我恐怕无法做到。我先是看了看情况，接着采取了简单的预防措施——用另一只手握住了断了一半的手指，然后迅速确定把血擦掉不是什么好办法，我应该直接出门到最近的医院看急诊，让他们尽力治好我的手指。一路上，我一直在进行坏事预演（premeditatio malorum）：可能发生的最坏情况是什么？我该怎么处理？我不是医生，但是据我所知，最坏的情况可能会是剧痛难忍，流掉些血，可能会永久性地失去一截手指。好吧，那也不是特别可怕，不是吗？我不是钢琴演奏家，我几乎只用两根手指就能很快地打出我的文章，这一结果即使改变了我的外形，但程度不会大到影响我去约会。我确定自己可以应对。事实上我确实做到了。最终结果显然比我预想中的好得多：我的那根手指依旧完整，我甚至能偶尔用它打字。我还很乐意说明一下——我的恋爱生活也没有受到影响。

5. 停下来，做一次深呼吸。"记住，一个人殴打或侮辱了你，并不足以让你受到伤害，你之所以受到伤害，肯定因为你认为自己受到伤害了。如果有人激怒了你，你要知道是你自己的想法也参与了其中。所以，关键在于不要冲动地对表象做出回应，而应该腾出时间缓一缓，这样你就会比较容易控制自己了。"

正如我们所见，斯多葛派信徒能够很好地应对——像是石头一样。（你试过侮辱一块石头吗？结果如何？）那些倾向于此的人也会以幽默的方式回应。然而这里想说的是实践最关键的一步——

让我们以一种较为理性的方式审视自己的印象，无论是消极的印象（比如侮辱），或者是积极的印象（比如欲望），我们都需抑制自己的冲动，不要凭本能立即对似乎不好的情况进行回应，相反，我们需要停下来，做一次深呼吸，或许去街上走一圈也是个好办法，此后再尽可能平心静气（平静并非不在乎）地考虑这个问题。这个建议说起来简单，做起来难，但特别特别重要。一旦你开始认真地进行这一练习，你将会发现自己处理事情的方式大为改观，你也会从其他人那里得到积极的反馈——因为他们也看到了你的改进。在这一点上，我甚至无法算清楚，有多少次我按照爱比克泰德所说的这些话去做，挽救了局面并改善了自己的心情。

你知道耐克那句著名的广告词"Just Do It."吧？但是斯多葛派信徒对此表示反对。如果要做的事情很重要的话，你应该在下决定之前停下来仔细考虑一下。想象一下，如果你几年前就开始按照斯多葛派的方式做事的话，你将给他人少带去多少痛苦？你将能够免去多少困难或是尴尬的情形？总的来说，你将得到多少自信、积极的情绪？正如我们的朋友爱比克泰德所说："（下次）你遇到任何或麻烦或愉悦或光彩或羞耻的事情时，记住，拼搏的时刻到了。奥林匹克竞赛近在眼前，不能再拖了，用一天、一个行动检验自己所取得的进步到底是已经不复存在，还是保持至今。"生活的奥运会已经开始，即使你之前没参加过，现在也该投身其中了，时不我待。

6. 他者化。"我们可以从与他人共同的经历上熟悉自然的愿望。

当我们的朋友打碎玻璃杯时，我们会很快地回应：'唉，真不巧。'那么当你自己的杯子被打碎时，应当用同样的耐心接受这一结果。至于更严重的情况，见到友人妻子或是孩子去世，我们都会随口说出'节哀顺变'这样的话，但如果是我们自己的亲人过世，我们口中的话立马就会变成'我好可怜啊，天理何在！'我们最好不要忘了别人痛失亲人时我们是如何回应的。"

这是一个绝妙的练习：爱比克泰德让我们意识到面对发生在别人身上和发生在自己身上的同一事件，我们的看法是多么的不同。当然，当小小的不便，或者甚至是灾难发生在别人身上而非自己身上时，我们更容易保持心平气和（再次提醒，不要和无动于衷搞混）。但到底是何故？是什么让我们认为自己是宇宙的宠儿，抑或认为自己应该是宇宙的宠儿？

当然，即使我们能让自己发现并深刻理解（做到这一点要困难得多）自己和这个星球上的其他人并无不同，当同一件事发生在别人和发生在自己身上时，我们应该秉持相同的态度，我们依旧可以推翻斯多葛学派的观点，认为正确的做法是像对自己的不幸自伤自怜一样对别人深表同情。斯多葛派对于这个观点有两个回应——第一个回应基于实证，另一个回应基于哲学原则。基于实证的事实如下：人类在生理上根本无法做到这种同理心。地球上一旦有生命逝去，我们都如丧考妣，这种做法简单来讲十分可怕。从哲学上说，我们对其他人说的"节哀顺变"这句话哪怕不能算完全正确，但至少同我们对自己说的"我好可怜啊，天理何在！"相比，更加贴近事实。事故、伤害、疾病、死亡无可避免，虽然因为这些事情心烦意乱是情有可原的（想必与它们的严重性成正比——打碎玻璃杯和失去配偶不可同日而语！），但知道它们是万物的规律能让我们获得慰藉。世界并不是围着任何人转的——至少不会围着我们中的某一个人转！

我发现"他者化"练习的两个诠释在我最近经历的一些事情中很是受用。有时我往往会忽略亲近之人的感受，因为我觉得他们对任何事情都反应过度。但爱比克泰德提醒我，一旦类似的事情发生在我的身上——比如朋友或是同事对我说了挖苦的话——我的感受会截然不同。基于这个道理，如今当我承受不愉快时，我会立即想到几乎每个人都经历过我所经历的事，或将会在他们一生中的某一时刻经历这样的事。我觉得，这种不断调整自己面对他人不幸的反应，以及碰到问题的时候告诉自己这些问题人们都会碰到的看法，逐渐让我得以心平气和地看待事物，而这样的心态是我对斯多葛派学说感兴趣之前所欠缺的。

7. 说话务必少而精。"让沉默成为你大部分时间里追求的目标；只说必要的话，并且要言简意赅。在极少数情况下，你会被要求说话，这时才说，但绝不要说那些陈词滥调，比如角斗士、赛马、运动、食物、美酒等庸俗的东西。尤其不要背后议论他人，不管是夸奖、谴责，还是拿人做比较。"

我必须承认，我做这个练习时挺费劲的。一方面可能因为我自视甚高，另一方面可能是长时间执教，养成了好为人师的职业习惯。不过，我已经试着记住这个忠告并将其牢记于心，我愈加发现这一忠告十分有用。很少会有人希望在就餐时或是社交场合听到长篇大论。仔细想想，在任何情况下可能都不会有人希望听到长篇大论吧！所以这一练习有一个附带作用，即无论在什么场合之下，你都可能会变得更受欢迎。

再仔细一想，爱比克泰德所罗列的不宜谈论之事不言自明。我们如今可能不会讨论角斗士，但是我们会谈论运动明星、影视音乐明星以及其他"名人"（音乐剧《芝加哥》中有一首歌恰如其分地唱出了个中道理："因有名而著称。"）。为什么我们不应谈论这些，或是至少尽可能做到不沉迷于其中呢？因为这类谈话基本上都很空洞。为什么我们要去关心卡戴珊一家子（或者其他当下的名人）在做什么呢？当然，说对这些事情感兴趣标志着思想肤浅，听起来像是在鼓吹精英主义，因此被现代人所反感。但我们之所以会这么认为，是因为我们习惯于认为"严肃的"谈话很无聊，而且这样的话题所需的背景知识和注意力无论如何都比我们印象中愉快的谈话来得多。然而，这样的看法显然不是古来有之。那些经常光顾古希腊研讨会——到了罗马，这样的研讨会被称为 convivium（意为"一起生活"）——的人，认为一场成功的晚宴应围绕哲学、政治以及其他"严肃的"事情进行讨论。为了让讨论流畅进行，希腊人和罗马人都会为来宾提供低度葡萄酒和零食。在启蒙运动期间，私人沙龙在欧洲遍地开花，人们以受邀参加沙龙谈话为荣，几乎没有听说这样的谈话会让人觉得无聊。

爱比克泰德在第二份清单中列举了在谈话中应当避免的"全

部"话题，这些话题涉及背后议论他人，对他人妄加评判。该清单还需进一步讨论。背后议论他人可能源于人们掌握他人（比如说部落成员）动向经过长期演变而来，当你的生存依赖于你周围的人（是否）值得信赖时，这一方法尤为有用。尽管哪怕在现代社会，我们也需要评估与我们互动的人，以决定能否把他们当作生活伴侣、朋友、生意伙伴、同事等进行依靠，但或许这种评估最好基于对方实际的言行（其中行尤为重要），面对面直接进行。沉湎于背后议论和评判不在现场、无法自我辩护的人似乎并非一件高尚的事，在斯多葛派信徒看来，参与这类事就是在贬低自己。

爱比克泰德建议中的一个重要部分基于斯多葛派的一般原则，即我们可以制定最佳的行动方针，从而依此重新引导自己的行为。刚开始这会很困难，甚至让你感到不自然，随后养成了习惯，重新引导行为就会变得越来越容易——直到我们回首过去，会因为自己曾经的行为举止感到讶异。所以我不建议你突然彻底改变在社交场合的行为举止，而是做一点新的尝试，看它是否适合你。从逐渐减少回应"角斗士"之类的话题开始，之后基于你最近读到或看到的，以及你觉得可能对你和友人都有利的内容，偶尔引入更具挑战性的话题。看看会发生什么！相比起从前，我对宴会的态度积极多了，这一点至今让我感到惊讶不已。

8. 谨慎选好你的同伴。"避免与哲学家以外的人深交。若非要如此，当心别让自己滑落到他们的水平；只因'白沙在涅，与之俱黑'。"

每次读到这话，我都会笑出声来，因为这话体现了斯多葛派的另一特点，这么说吧——直言不讳：这话势必会让现代人大吃一惊，但我越是品味这话的含义，越是确信这惊人的话会让现代人受益良多。的确，这种劝告听起来（又一次！）带有不可一世的精英主义色彩，但是只需反思片刻，就会发现其实不然。首先，你得知道这句话从何人口中说出：并非出自一个生活在半封闭罗马豪宅或大门紧锁社区的古板贵族，而是出自一个依靠露天教学谋生之人的口中，此人还是奴隶出身。其次，要知道爱比克泰德所谓的"哲学家"并非指专业学者（相信我，你是不会想要养成和**他们**交往的习惯的），而是指那些有志于追求美德和培养品格的人。依照古代的观点来看（我们最好自己也形成这一观点），每个人都应该努力成为这个层面的哲学家，即运用理性为自身以及周围人改善生活、增添福祉。从更为普遍的意义上说，这个振聋发聩的建议是在告诉我们人生苦短，诱惑和无用之物无处不在，因此我们需要关注自己所行之事、所交之人。

此外，我也试着把这一策略慢慢应用到社交之中——这一策略和前一个说话务必少而精的练习相辅相成。我并不是说我只是简单地把Facebook上的"好友"名单清理了一下（尽管我也这么做了），而是指我真正留意自己和谁一起共度时光以及为何这么做。在理想情况下，记住亚里士多德（他不是斯多葛派）的话：我们想和优于自己的人交朋友，从而向他们学习。至少，我们想要找到那种能够以其为鉴的朋友，从而坦诚地审视自己，了解还存在多少不足（你自己的不足，而非你朋友的不足）亟待努力。

9. 幽默地回应侮辱。"如果你发现有人在诋毁你，别去为自己辩解；你应该这么回答：'是啊，但我还有许多别的毛病他不知道呢，不然他就不会只提这些事情了。'"

这是一则有趣的例子，它兼有深刻的智慧和爱比克泰德特有的幽默：面对他人的侮辱（记住，他们说什么不是你所能控制的事），不要生气，用自嘲来回应。这样，不仅你自己的心里会好受些，而且会让你的诋毁者尴尬不已，或者至少会失去攻击力。我此前提及的比尔·欧文将这一建议运用得出神入化。他讲述了这么一个故事：一次，他同部门的同事在大厅中间截住他说："我在想要不要在我的下一篇论文中引用你的文章。"一开始，比尔感到很高兴，以为他的这个同事真心欣赏他的专业论文（相信我，这种事情并没有你想象中那么多见，在哲学系尤为如此），然而该同事马上继续说道："没错，但我还没确定你的文章仅仅是误导大众呢，还是彻头彻尾的包藏祸心。"这样的评论要么是没有恶意的"就事论事"（学者们有着不善社交的名声，这并非空穴来风），要么是故意贬损，我们大部分人都会对此感到恼怒。可是比尔并没有为自己辩护，也没有发表（可能毫无用处的）长篇大论来解释自己的论文为什么既不邪恶也不误人子弟，而是以斯多葛派的方式做出回应：他深吸一口气，回答道："幸好你没有读过我的其他文章，不然你就会知道我有多么包藏祸心、误人子弟了。"

我确定读者一定会相信这也是我试着付诸实践的建议（哪怕做

得还不够好）。这一做法让我和其他人（尤其是怀有敌意的人）的相处方式产生了天翻地覆的变化。我年轻的时候，比较缺乏安全感，而且很容易被冒犯到，有时候会因为觉得自己受到侮辱而郁郁寡欢数个小时甚至晚上睡不着觉，如果那些"侮辱"是来自我所钦佩的人或视作朋友的人，后果尤为严重。但现在我再也不会那样了。如今我学着比尔，每当我受到侮辱，我就对其添油加醋（我得说明一下，这种情况相当罕见）。

当然，实践他所谓的"侮辱和平主义"的最佳场所还是互联网。出于专业和扩大活动范围的需要，我维护着一套活跃的社交网络，更别说我的两个博客了，而它们也为兴风作浪、哗众取宠、粗鲁无礼提供了十分肥沃的土壤，我相信很多人都有过这样的经历。因此，在我对斯多葛派学说感兴趣之前，我不得不在一开始就对读者和粉丝——以及我自己——制定基本规则。而在我成为斯多葛派信徒之后，毫无疑问，幽默地回应侮辱为我的虚拟生活增添了许多乐趣。首先，我遵循了爱比克泰德先前的建议——说话务必而精：我于是不像以前那样频繁地回应或参与讨论，而是把更多时间花在倾听上。更重要的是我已经开始将一个概念内化，即侮辱之所以成为侮辱，并非取决于施加者的意图，而是被侮辱者允许自己受到侮辱。

关于这一练习有两点重要的附加说明。首先，这不应该被当作忽略霸凌（不论是网络霸凌还是现实霸凌）的托词。霸凌是一种不能容忍的行为，应将其扼杀在萌芽状态。当其针对——这经常发生——弱势群体或患有心理问题而易受欺凌的人群时尤为如此。而斯多葛学派提出的许多建议中，大体上也反映了这一态度：在消除或减少问题的同时锻炼自身的忍耐能力，此两点并不矛盾。事实上，我们不仅没必要在这两个策略中二选一，而且应该让二者相互促进。在忍受侮辱方面练习得越勤，你的心理就越强大，从而越是能够适当又有效地做出回应。反之亦然：反对霸凌能让你看到它其实有多幼稚（在霸凌者甚至是"成年人"的时候尤其如此），接着这一洞见会让你锻炼出更强的韧性。

每当讨论这条斯多葛建议的时候，我总会听到一条反对意见，第二条附加说明便来源于此，即或许你所认为的侮辱只是一个批评，甚至是一个建设性的批评。忽视或不认真对待它，你可能会就此错失自我提升的机会，甚至变得傲慢自负。

作为回应，我们必须牢记，斯多葛派四大美德之一就是智慧，践行智慧使我们能更容易地区分批评和侮辱。这两者的区别通常很明显，就算不是圣人都能看出。即便如此，当你似乎受到侮辱的时候，问自己一些问题总是没错的。这个人是你的朋友或是你所敬仰的人吗？如果是，那么她比较有可能只是提供建议，也许在某种程度上过于严厉，但却是出于善意。即使这个人不太像朋友，或者不太可能给你提供建设性的、有用的建议，或许她看到了一些你没有意识到的事情呢？在这种情况下，应该忽略她话中的刻薄成分，转而关注她可能言中而可能被你忽略的问题。侮辱性言论，即便确实是侮辱，也完全没有理由不能让我们从中学到东西。

10. 别过多谈论自己的事情。 "和人交谈时，不要过多谈论自己的事迹或经历过的危险。因为你在谈论自己的冒险之时兴高采烈，并不能说明别人也能从你的话语中得到同等的快乐。"

我必须承认我经常不能遵循这条建议（见上文所述的"自我"和"好为人师"），但我一直在尝试。然而，当我真正做到这一点的时候，不仅感觉很好，而且更加享受社交生活了。我之所以感觉很好，是因为一个人在自控的时候会产生一种特殊的愉悦感，这一点我们在众多其他练习中已经见过了，斯多葛派信徒们当然对此也心知肚明。或许我可以通过打一个去健身房的比方来更清楚地解释这一点。我不知道你们如何，但每当我去当地的健身房，前台人员面带微笑，响亮而欢快地冲我招呼道"锻炼愉快！"时，我冒出来的第一个念头就是：谁会喜欢锻炼啊？的确，我知道有些人确实喜欢锻炼，但我们大多数人都不喜欢。然而，我们正是因为考虑到获得的益处并认为回报大于付出才会去做这类事情。但除此之外，结束锻炼去冲澡的时候，我们会感到一种特有的满足感，这种满足感不仅来源于运动对身体带来的益处，而且来源于我们能够拍拍自己的背，对自己说：这真挺不容易的。我们其实不想做，但我们还是做到了！

至于这一特定的守则在社交方面所带来的益处，我认为是显而易见的：就像没有人愿意耐着性子看完关于你最近假期的幻灯片（哪怕这些照片存在你崭新的苹果手机中）一样，没有人真正想听另一个人滔滔不绝地谈论自己。可以肯定地说，我们并不像自己想象中那么有趣。因此，相信我（和爱比克泰德）：多知道一点社交互动的基本真理，多做些努力把这些真理铭记于心，这会让你的朋友或熟人更加快乐。

11. 说话时不带评价。 "有人洗澡洗得很快，不要说他洗得不干净，你应该说他洗得很快。有人喝酒喝得很多，不要说他喝酒没个分寸，应该说他喝得很多。如果你不知道他们这么做的理由，又怎会知道他们的行为很不好呢？这将会让你无法看清一件事，反而认同与其不同的表象。"

在这一点上，我恐怕至今仍在努力。但我要在这里重申，爱比克泰德的建议十分有用，也十分具有斯多葛派风格。该观点认为我们要区分事实与评论——对于前者，如果我们通过观察找到佐证，就可以认同它；对于后者，一般情况下我们应当避免，因为我们通常无法掌握足够的信息。

我们都知道，我们每天都会有无数的机会来进行这方面的练习。你有朋友不修边幅吗？试着自己简单地陈述事实，而不加评价。然后问问自己他为什么会这样。你的朋友自己想要变得没有吸引力或身体不匀称吗？应该不是吧。那么，更深层的原因是什么呢？除了对其评头论足之外，你能对其施以援手而不是大加批判吗？或者当某个同事斥责你或他人时，与其对其大声叫骂（或者自己低声念叨），抛出一些你觉得"合适的"话，扪心自问一下：我曾经斥责过别人吗？当然有过。当我像对待废物一样对待别人的时候，我真的享受这个过程吗？还是存在更深层次的潜在原因，来解释我为什么选择责骂而不是更好地评判？我想要别人如何来看待我的愤怒——我想要他们对我的愤怒做点什么呢？现在开始努力扭转这一状况吧，看看你是否能在气急败坏的同事面前实践爱比克泰德的建议。

稍等片刻，试想一下，如果我们都对人类同胞怀有更多的同情，实事求是地审视人间诸事，而不是草率地做出评判，世界将会变得多么美好啊。

12. 反思你的一天。 "不要让睡意合上你疲倦酸涨的眼睛，在此之前，务必将一天中所做的事一一检验：我哪里做错了，我做完了什么，还有什么没做完？从头至尾审视自己的所作所为。为恶行而自责，为善行而喜悦。"

最后一步练习，来自爱比克泰德的《论说集》，而非另一部《手册》。我们已经提过这一点了，但我认为它依然至关重要，所以也列在这里，因为我认为这点对我帮助非常大。塞涅卡也提出过类似的建议，他特别强调：最好在晚上上床前自我反省，因为一旦上了床，就会睡意大增，无法集中注意力。在你家里找个安静的地方（就算在纽约你也能找到属于自己的房间，这一点连我都能做到），反思一天中发生的事情。我发现，像马可·奥勒留写《沉思录》那样把反思动笔写下来，不失为一种非常管用的方法。

这么做的目的是让我们关注当天发生的大事，尤其是那些有道德价值的事件。也许我今天和同事大吵了一架，没有给另一半好脸色。又比如，也许我对某个学生的报告宽宏大量，或者对朋友们慷慨解囊。对于每一种事件，我都会在哲学日记里写下，再尽量公正地给自己点评——就像在给我当天的道德表现评分，然后在心里默默记下从中吸取的经验。在这一点上，说实话我只能引用塞涅卡本人的一段话，他可算是斯多葛派作家里文笔最迷人优雅的一位了：

> 你应当每日审视自己的灵魂。塞克斯塔斯在每天结束前都会这么做，不断质询自己的灵魂，并在余生一以贯之：我今天改正了什么恶习？审视了何种罪恶？在哪些方面得到了提升？
>
> 如果"愤怒"知道每天都会被审判，它就会自己消退，变得温和。还有什么能比这样讨论每日的事更让人钦佩呢？经过自省，我的睡眠将会多么香甜！当我的灵魂被褒贬时，内心的法庭对我的道德做出裁判时，我将会多么平静、甜蜜、无忧无虑啊！我用这一特权，每天面对自己进行申辩。当台灯熄灭，我的妻子（她知道我的习惯）不再说话，我会对自己回放这一天，重播所有说过的话，做过的事，毫不自欺，坦诚相见。我为什么要害怕面对自己的缺点呢？因为说出"这次我原谅你，以后再不这样做了"是我可以掌控的事……优秀的人爱听忠告，顽劣的人恼于批评。

附录 奉行实用哲学的希腊学派

疑惑是哲学家的情感，哲学始于疑惑。

——柏拉图，《泰阿泰德篇》

- -

本书自始至终都在探讨伦理学，具体来讲，是从斯多葛派视角探讨伦理学。当然，伦理学是哲学的经典分支，此外还有美学（关于美和艺术）、知识论（研究我们如何认识事物）、逻辑学（致力于理解理性）、形而上学（理解世界的本质）。

然而正如本书开篇所述，当下的"伦理学"同古希腊罗马时代的伦理学含义并不相同。当然，斯多葛派学说亦非研究伦理学的唯一途径。尽管当代伦理学本质上研究的是行为的对错，但在此之前，哲学家认为伦理学的含义要广得多，包含如何寻求幸福生活。追求幸福生活被视作至关重要之事。然而追求幸福生活的方式有很多种，取决于人们如何定义"欣欣向荣的人生"（eudaimonia）。主流希腊学派在这一点上就各执己见，了解除斯多葛派学说之外盛行于当时（或现在）的学说大有裨益。毕竟，我和《美好生活指南》的作者比尔·欧文的观点一致，认为采纳并适应一种能够给予你指导的生活哲学比最终选择一种具体的哲学更为重要。

诚然，有一些相当糟糕的"哲学"对我们过上幸福生活毫无益处。但或许也有一些哲学比较适合你——我不希望给你留下除了斯多葛学派以外，其他学派都一无是处的错误印象。我不打算探讨东方传统孕育出的多种生活哲学——如佛家、道家、儒家，以及其他诸如此类的学说——因为我对这些学说所知甚少，况且已经有许多优质的资料供感兴趣的读者各取所需。我认为简单了解一下基督教兴起之前希腊时期的西方传统哲学学派将是有好处的。下面将会展示一幅简化版的希腊主流学派关系树状图。这些学派要么本身就在一心追寻美好生活，要么在这方面颇有研究。

正如你在图上所见，这些哲学流派都源于苏格拉底。由于对苏格拉底教导的不同理解，出现了三大学派：柏拉图学园派、亚里斯提卜的昔兰尼学派，以及安提西尼的犬儒学派。亚里士多德学派起源于学园内（亚里士多德经常去那里），昔兰尼学派发展出伊壁鸠鲁学派，而犬儒学派孕育出斯多葛学派——考虑到几个世纪以来各学派之间相互影响，我们最好把这些学派之间的关系看成多对多的关系，而不是一脉相承的关系。让我们来对这些学派逐个进行简单的了解——毕竟谁都不知道，有可能你学了那么多有关斯多葛学派的思想，最后却成了犬儒主义者，或阴差阳错成了伊壁鸠鲁主义者！

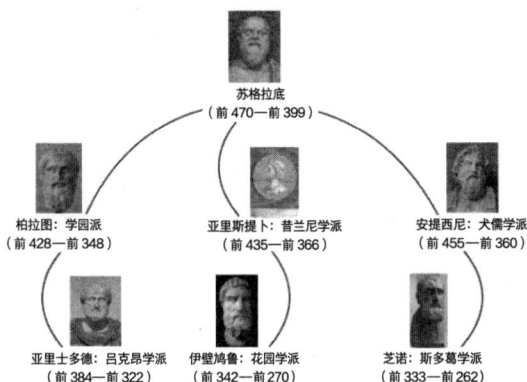

图 A-1：希腊主流哲学学派之间的历史、概念关系，及它们同苏格拉底思想的不同之处。来源：高登《网络哲学百科全书》（Internet Encyclopedia of Philosophy）"现代道德观与古代伦理学"一章中图表 1

苏格拉底主义：我们主要（尽管并非全部）从早期的《柏拉图对话录》（比如《拉刻篇》《卡尔弥德篇》《普罗泰戈拉篇》）中了解苏格拉底的教导。他是借由伦理获取美德哲学流派的开山鼻祖，认为智慧是主善（Chief Good），是唯一永远善的东西，因为一个人如果想要充分利用身边的一切，就必须拥有智慧。苏格拉底认为，道德的首要任务是检验我们的生活，而理性则是开展这一任务时最好的向导。正确的行为带来幸福的生活。无知，或者不学（amathia）将生出邪恶（换句话说，没有人会有意去做坏事）。

柏拉图主义（**学园派**）：柏拉图在他后期的对话录中，一直与苏格拉底观点中的核心层面保持一致（关键在于认同践行美德的生活是幸福的生活这一观点）。同时，他也补充了大量形而上学的概念，并借由他著名的理念论（theory of Forms）将苏格拉底的观点进行重塑。在理念论中，抽象化、理想化的"善的理念"超越了一切其他形式的善。柏拉图最终把个体幸福置于社会需求之下，正如在《理想国》一书中，理想的国度能够反映出三类不同的人，而哲学家自然是统治者——正如理性能够主导个体灵魂中"勇气"和"欲望"两个部分。

亚里士多德学派（漫步学派、吕克昂学派）：亚里士多德同样认为生命的意义在于 12 种美德。在他看来，世界万物都有其固有的功能，人类也不例外：我们的固有功能便是运用理性，因此充分运用理性便是过上幸福生活的法门。但是，我们也需要一些身外之物，比如支持自己的家人、稳定的社会环境、一定程度的教育、健康财富，甚至俊美的容貌。还有一点很关键，即过上幸福生活并非完全依赖于以上这些条件，还需要一点运气（体现为有利的环境）。

昔兰尼学派：昔兰尼的亚里斯提卜十分注重实际，他是苏格拉底弟子中第一个实行收费教学的。他认为生命的首要目标不是追求长期的快乐，而是享受即时的肉体之欢愉。为了达成这一目标，一个人需要实际的美德，但美德只是追求快乐的工具。当然，我们不能把昔兰尼学派信徒简单地定义为对性、毒品、摇滚着迷，而应该把他们看成追求一种"觉悟的享乐主义"。正如亚里斯提卜所言："我拥有，但不执着。"想要保持开心的同时处理好每一种情况，自控十分重要。

伊壁鸠鲁学派（花园学派）：伊壁鸠鲁也教导人们生活就是增添快乐，（尤其是）减少痛苦。但是伊壁鸠鲁的享乐主义比昔兰尼学派的享乐主义要成熟得多（尽管后世的基督教为了铲除异己学说，对伊壁鸠鲁学派学说大肆诋毁，并卓有成效）。一方面，伊壁鸠鲁学派所谓的快乐包含精神上的愉悦，并且认为精神上的愉悦比肉体上的愉悦更胜一筹，幸福并非即时发生之事，而是持续一生的事。另一方面，伊壁鸠鲁学派的快乐包括将自己从偏见中解脱出来（尤其是宗教的偏见），掌控自己的欲望，过朴素的生活，用心培养友情。然而，有一点不容忽视，伊壁鸠鲁学派信徒劝告人们退出社交和政治生活（因为这两者更有可能给人们带来痛苦而非快乐）。

犬儒学派：犬儒学派的创始人——雅典的安提西尼认为，美德是一种实用的智慧，想要过上幸福生活，拥有美德不仅是必要条件，而且也是充分条件。这也就解释了为什么犬儒主义者把苏格拉底已经足够节俭的生活方式推行到了极致。想想锡诺普的第欧根尼便知，此人是安提西尼的学生，大名鼎鼎，住在木桶里，乞讨为生，对任何社会习俗都嗤之以鼻。很多斯多葛派信徒都很欣赏犬儒学派信徒，我们的好朋友爱比克泰德在他的《论说集》3：22 中，不惜笔墨高度赞扬犬儒学派。他是这么说的：如果你确实做不成一个犬儒学派信徒，那就至少做一个斯多葛派信徒吧。

斯多葛学派：该派的开山鼻祖基提翁的芝诺，最初师从克拉特斯学习哲学，而克拉特斯是锡诺普的第欧根尼的弟子，是个犬儒学派信徒。现在读者们应该很清楚斯多葛学派处于亚里士多德学派和犬儒学派的中间地带，与伊壁鸠鲁学派势不两立。斯多葛学派同意犬儒学派的观点，认为美德不仅是过上幸福生活的必要条件，也是充分条件，但同时也认可漫步学派在身外之物中得到利益的主张，他们将其划分为可取的无关紧要之物和不可取的无关紧要之物，前者可以追求，从而决定在不牺牲自己人格正直的前提下去追求抑或规避。

总而言之，以苏格拉底为起点，哲学理论得到了很好的发展和衍生：柏拉图与亚里士多德的那一支紧密贴合苏格拉底的幸福论，但是柏拉图转向了神秘（理念论、理想国），亚里士多德则转向了实用（某些身外之物是获取幸福所必需的）。昔兰尼学派和伊壁鸠鲁学派这一分支抛弃了美德中心论，转向了快乐 - 痛苦二分法，这两个学派的核心区别在于昔兰尼学派只看重肉体即时的欢愉，而伊壁鸠鲁学派更重视理智层面上的快乐和终身的快乐。（我们可以在约翰·穆勒和当代功利主义的道德观中看到类似的哲学思想。）最后，犬儒学派和斯多葛学派这一分支坚持了苏格拉底哲学中美德至上的理念，犬儒学派信徒选择了苦行，而斯多葛派信徒详细制订了一套方案，重新找出（但依然要求正确看待）大多数人所欲求的身外之物。这两个学派在基督教发展史中产生了巨大的影响。

致　谢

　　本书源于我个人多年前开始的一场个人精神、哲学、理智之旅，中途经历了不少坎坷，我亦肯定这场旅行亦不会因此而终结。在这场旅行中，许多人直接或间接帮了我不少忙，我想在这里稍加列举并致以谢意：感谢我高中的哲学老师恩里卡·基亚罗蒙特，我心中那颗热爱哲学的种子由她亲手栽下，并经过四分之一个世纪最终绽放；感谢梅丽莎·布伦尼曼，我做出转职成为哲学家这一疯狂决定的时候，她对我鼎力相助；感谢科琳娜·考拉托尔，自我决定信奉斯多葛主义并每天践行的时候起，她便一直陪在我身边，哪怕我的行为有时候会对她造成诸多困扰；感谢我纽约城市大学的同事们，他们支持我以自己的方法研究哲学，哪怕我的方法比较另类；感谢斯多葛周和斯多葛大会（STOICON）活动的许多幕后成员，他们让我发现了斯多葛派学说，他们欢迎我加入并给予我许多帮助；感谢同我一起奉行斯多葛派学说的格雷·洛佩兹（他还是个佛教徒），他教了我许多有关伊壁鸠鲁、奥勒留、塞涅卡的思想；感谢我的代理蒂塞·塔卡基，她自我决定写这本书开始便十分上心，并在我写作的过程中给我提供了珍贵的建议；感谢 Basic Books 出版社编辑 T. J. 凯莱赫，每次合作时其专业的态度总是鞭策着我；最后，还要感谢十分认真的文字编辑辛迪·巴克。

译后记

相较于苏格拉底、柏拉图、亚里士多德师徒三人，芝诺、塞涅卡、爱比克泰德、奥勒留等人在我国大众心目中的知名度要小许多。然而，以他们为代表的斯多葛学派是希腊化时期最负盛名的哲学流派之一，其伦理学思想源远流长，深刻影响了当时的希腊罗马社会，并为后世基督教所借鉴和发展。

斯多葛学派将其理论分为三大块：逻辑学、物理学、伦理学，但该学派并未塑造出一套完整紧凑的世界观，其创始人芝诺和后期代表人物奥勒留的学说相去甚远。芝诺秉持唯物主义世界观，其学说大体上是犬儒派学说和赫拉克利特学说的混合体。而随着时代发展，斯多葛派哲学思想混入越来越多的柏拉图学园派元素，逐渐摈弃了唯物主义。不过各个时代斯多葛派信徒将主要精力放在伦理学的研究和实践上，使之成为一门注重实践的入世哲学。斯多葛派伦理学脱胎于犬儒派学说，认为人生的目的是实现"美德"，除美德之外，所有事物都是无关紧要的。但他们并没有像犬儒派信徒那样完全摒弃物质，去过苦行僧式的生活，而是走了一条折中路线，认为在无损于美德的情况下，可以追寻"可取"的无关紧要之物，如金钱、地位、健康、外貌等，于是大大降低了实践这一学说的门槛，使其成为贴近大众的道德哲学。

斯多葛派理想中的"哲人"不执着于外物，不顺从于自然冲动，对世事变迁抱着一种不动心的态度，这一点和东方的佛教学说有相通之处。佛教学者寂天的那句名言——"如果困难有办法解决，那为何要沮丧？如果困难没有办法解决，发愁又有何用？"就暗合斯多葛派的观点。而相比起佛教徒将世间一切视作梦幻泡影的观点，斯多葛派信徒认为在无损美德的前提下，对于"可取的无关紧要之物"，还是可以去追求的。此外，他们建议提前预想最坏的情况，因为这种情况并非总会发生，所以得出比预想中更好的结果能让人有所慰藉。

本书作者以爱比克泰德的《论说集》和《手册》为理论基础，结合自己遗传学、生物学、哲学领域的专业知识，几位现代斯多葛派信徒的事迹，以及亲身实践这一学说的心得体会，从现代人的视角对斯多葛派古典哲学进行了审视和发展。

全书分为三部，每一部分别叙述斯多葛派一大原则。第一部谈欲望，首先引出斯多葛学派对待掌控之内和掌控之外事物的态度，接着从生物演化论角度探讨了人性，随后谈了斯多葛学派道德体系的形成和苏格拉底的影响，最后借助亲身经历谈了斯多葛学派之中怀有不同信仰的人求同存异，共同追求美德的重要性。第二部谈行动，将第一部中谈到的理论应用于实践，首先列举了古代斯多葛求美德舍生取义的例子，然后论证了邪恶源自无知的概念，再以现代斯多葛斯托克代尔和古代斯多葛派信徒小加图为例，讲述了榜样对于人的作用，最后谈了斯多葛派理念如何帮助残疾人以及患有精神疾病的人走出人生困境。第三部谈认同，首先讨论了斯多葛派信徒如何看待死亡、自杀等极端状况，接着讨论如何借助斯多葛派哲学处理消极情绪，此外还探讨了古今之人对爱和友谊的不同分类和定义。最后作者基于爱比克泰德的《手册》总结出一套实用守则，让读者可以在日常生活中实践斯多葛派哲学。

最后提两个小问题。斯多葛派哲学以一种超然物外的态度审视一切，在如今竞争压力巨大的社会中确实能够让人们在面对工作、生活中的困难、挫折时调整好心态，做到尽人事、听天命，面对世事变幻，一心不乱。但正如本书作者所说，斯多葛派学说产生的时代背景是天灾人祸频发的古希腊-罗马社会，人们生活朝不保夕，因此在那种极端情况下孕育出的处世态度，真的适用于大多数人都免于饥荒、战争之虞的现代社会吗？斯多葛派把美德，且只把美德视作重要之物的态度以及摈弃自然情感的立场，对于深受浪漫主义影响的现代人来说，会不会多少有点冷酷无情呢？这些问题的答案，就交由读者朋友们在阅读此书的过程中寻找吧。

王喆

2017 年初冬于南京百家湖畔

哲学的指引：
斯多葛哲学的生活之道

[意] 马西莫·匹格里奇 著

王喆 译

HOW TO BE A STOIC:
USING ANCIENT PHILOSOPHY
TO LIVE A MODERN LIFE

by Massimo Pigliucci

Copyright: © Massimo Pigliucci 2017
This edition arranged with

图书在版编目 (CIP) 数据

哲学的指引：斯多葛哲学的生活之道 / (意) 马西莫·匹格里奇著；王喆译.—北京：北京联合出版公司, 2018.6
ISBN 978-7-5596-1961-7

Ⅰ.①哲… Ⅱ.①马… ②王… Ⅲ.①斯多葛派－通俗读物 Ⅳ.① B502.32-49

中国版本图书馆CIP数据核字 (2018) 第075941号

The Science Factory and Louisa Pritchard Associates through BIG APPLE AGENCY, INC., LABUAN, MALAYSIA.
Simplified Chinese edition copyright:©2018
United Sky (Beijing) New Media Co., Ltd.
All rights reserved

北京市版权局著作权合同登记号 图字：01-2018-2033 号

选题策划	联合天际
责任编辑	刘　恒
特约编辑	王　微
美术编辑	晓　园
封面设计	汐　和

未
UnRead
－
思想家

关注未读好书

出　版	北京联合出版公司
	北京市西城区德外大街 83 号楼 9 层　100088
发　行	北京联合天畅发行公司
印　刷	天津旭丰源印刷有限公司
经　销	新华书店
字　数	140 千字
开　本	889 毫米 × 1194 毫米 1/32　7 印张
版　次	2018 年 6 月第 1 版　2018 年 6 月第 1 次印刷
I S B N	978-7-5596-1961-7
定　价	49.80 元

未读 CLUB
会员服务平台